地方特色农产品天气指数保险设计指引

刘布春 张仁江 等 著

科学出版社

北京

内 容 简 介

本书介绍了地方特色农产品天气指数保险研发的背景与目标，论述了天气指数保险产品研发的方法和基本流程，主要包括天气指数保险标的确定、保险产品的需求分析与调研、资料与数据的收集、指数保险产品的设计、费率优化与条款设计及天气指数保险服务等主要流程。以政策扶植、种养类型、气候特征、基础数据资料等综合因素为依据，按照 8 类地方特色农产品，即蔬菜瓜果、大棚作物、油料作物、经济作物、中药材、林果、养殖的水产和放牧牲畜，分别选择 1 种种植或养殖对象，设计了 8 类 12 款天气指数保险产品，涉及干旱、涝灾、暴雨、冷害、冻害、高温、大风等单一灾害风险和多灾种综合风险，形成了地方特色农产品天气指数保险设计指引，为规范农业保险行业开展天气指数产品研发提供了可遵循的设计方法、技术流程及典型案例。本书可为提高农业保险服务水平，促进我国农业保险高质量健康发展提供科技支撑。

本书可为农业保险相关领域的科学研究和技术研发人员、高等院校师生，以及农业保险从业人员提供参考和借鉴。

图书在版编目 (CIP) 数据

地方特色农产品天气指数保险设计指引 / 刘布春等著. -- 北京：科学出版社，2024. 10. -- ISBN 978-7-03-079302-7

Ⅰ. F842.66

中国国家版本馆 CIP 数据核字第 2024806PC8 号

责任编辑：李秀伟 / 责任校对：张小霞
责任印制：吴兆东 / 封面设计：无极书装

科学出版社 出版
北京东黄城根北街 16 号
邮政编码：100717
http://www.sciencep.com

北京中科印刷有限公司印刷
科学出版社发行　各地新华书店经销
*

2024 年 10 月第 一 版　　开本：720×1000 1/16
2025 年 1 月第二次印刷　印张：12 1/2
字数：250 000
定价：150.00 元
（如有印装质量问题，我社负责调换）

著者名单

刘布春　张仁江　王野田　杨晓娟　刘　园
帅嘉冰　韩　硕　陈　迪　张晓男　贺金娜
邱美娟　张玥滢　刘姗姗　刘观止　孙靖博

序

发展地方特色优势农业，是提高农业产业化水平、推进农业农村现代化的必然要求，是优化资源配置、提高农业综合生产能力的重大举措，是发挥农业比较优势、提升农产品市场竞争力的客观要求。地方特色优势农业的快速发展，在促进农户增收、以"大食物观"新发展理念保障国家食物安全中发挥了突出作用。地方优势特色农产品保险是国家农业保险的重要组成部分，自2019年试点实施中央奖补政策以来，目前实施范围已扩大至全国，成为农业保险重要的经营方向和业务增量来源。与此同时，地方优势特色农产品产值高、增长快，生产风险大，迫切需要通过供给侧结构性改革，从保险产品方面实现开发创新和有效供给，在满足投保需求的同时，实现保险业务可持续发展。气象灾害是农产品生产中最主要的风险，开发地方特色农产品天气指数保险产品可以充分发挥指数保险透明度高、理赔快捷的优势，对于降低特色农产品生产风险，促进农户恢复生产具有重要意义。但是，特色农产品天气指数保险产品研发复杂，涉及领域广、技术门槛高、研发难度大，开展地方特色农产品天气指数保险指引研究，对服务国家农业农村发展战略、支持农业保险行业健康发展具有重要的价值和意义。

设计天气指数保险产品这项研发工作技术性很强，设计团队需要具备相当的数学技能、丰富的气象学知识以及建立农业气象模型的经验，通过与农学、气象学、保险学等方面专家的密切合作完成。中国地域广阔，气候复杂多变，涵盖了寒带、温带和热带气候。即便在同一个省区，也存在许多不同的风险区域。如何根据不同地区的风险特征设计不同的天气指数保险是一项工作量巨大的复杂工作，需要大量气象、农业、数据处理和保险方面的专家合作完成。无论是设计新的产品，还是每年对已有产品进行调整，都需要持续不断的技术支持。事实上，产品开发与设计能力不足也是影响天气指数保险推广的重要因素。

《地方特色农产品天气指数保险设计指引》一书针对各地政策性农业保险发展的需求，在汲取国内外关于天气指数保险研究和设计经验的基础上，联系中国实际，就不同农林牧标的的天气指数保险产品研究和开发的方法进行深入研究和归纳，研发的基本流程符合天气指数保险的原理，归纳的产品开发方法和基本流程有一定的创新，符合该类产品开发的实际，有比较广泛的应用参考价值。该书运用这些方法和流程开发出8类农业特色产品天气指数保险产品设计案例，可以直接赋能给进行这类产品开发的保险经营机构，提升其农业特色产品天气指数保险产品设计能力。我认为，该书对完善我国农业保险产品供给体系，提高保险服务水平，促进农业保险高质量发展具有指导意义。同时，在大宗农产品天气指数保险产品的设计与开发方面，也将发挥关键的指导作用。

该书是中国农业科学院农业环境与可持续发展研究所研究员刘布春及其研究团队在中国财产再保险有限责任公司大力支持下完成的。我很赞同和欣赏这种专业研究机构与保险实务部门的紧密合作，中国农业保险的发展前景广阔，这种合作在未来农业保险的发展中将有巨大的需求和空间，也将发挥更加重要的作用。

庹国柱

2024 年 4 月 15 日

前　言

近年来，得益于中央和地方财政的大力支持，我国农业保险快速发展。中央财政保费补贴范围已基本覆盖了关系国计民生和粮食安全的主要大宗农产品。特色农产品作为地方农民增收的主要来源，生产成本高、产值大，同时，也极易受极端天气气候事件影响，因灾损失巨大。为满足经营农户风险保障需求，加快农业保险高质量发展，中央财政对地方优势特色农产品保险奖补工作，从 2019 年试点到 2021 年逐步扩大到全国。

农业保险是防范和转移特色农产品生产天气风险的重要工具。天气指数保险产品对完善地方特色农产品生产风险防范体系具有显著的应用价值和产品优势。特色农产品从品种、生产方式、产品价值等方面都具有地方特色，相比大宗农产品的生产条件更具"一站一式""一品一式"的特点。为控制天气指数农业保险产品普遍存在的"基差风险"，特色农产品天气指数保险产品的研发更需要精细化的气象风险分析，并建立气象风险与一定品质条件下的特色农产品产量损失之间的关系模型。然而这样的模型还较为缺乏，在大多数特色农产品上几乎空白。

本著作从地方特色农产品天气指数保险设计指引的研究背景和目的出发，论述了产品研发的方法，包括农业气象风险识别、天气指数构建、风险评价和纯风险损失确定以及保险产品费率厘定几个关键环节；总结了天气指数保险设计的基本流程，一是确定保险标的；二是需求分析与调研；三是收集资料与数据；四是指数保险产品设计；五是费率优化与条款设计。其中，产品设计主要包括：①与气象关联的农业生产风险识别与分析；②天气指数集构建；③指数-灾损模型建立；④理赔触发值确定；⑤纯费率厘定。在此基础上，依据政策扶植、种养类型、气候特征等综合因素，按照 8 类地方特色农产品，即蔬菜瓜果、大棚作物、油料作物、经济作物、中药材、林果、养殖的水产和放牧牲畜，分别选择 1 种种植或养殖对象，设计了 8 类 12 款天气指数保险产品，形成了地方特色农产品天气指数保险设计指引，为规范农业保险行业开展天气指数产品研发提供了可遵循的设计方法与技术流程和典型案例。

本著作的出版依托中国农业科学院农业环境与可持续发展研究所与中国财产再保险有限责任公司共建的"农业风险与保险"联合实验室，由"地方特色农产品天气指数保险设计指引"项目和中国农业科学院创新工程项目共同资助，在此表示由衷的感谢。

本著作由来自中国农业科学院农业环境与可持续发展研究所和中国财产再保险有限责任公司两家机构的刘布春、张仁江、王野田、杨晓娟、刘园、帅嘉冰、韩硕、陈迪、张晓男、贺金娜、邱美娟、张玥滢、刘姗姗、刘观止、孙靖博等作者共同完成。中国财产再保险有限责任公司的希震、蒋昭、王硕、柳桉、周俊华、朱军霞、孙涛，首都经济贸易大学的庹国柱、中国农业科学院的梅旭荣、清华大学五道口金融学院的朱俊生、中国农业大学的杨汭华等专家提出了宝贵的修改建议和意见；中国农业科学院农业环境与可持续发展研究所车红蕾、张一鸣、乔欧盟、陈龙等研究生修改了部分图表。在此对各位作者及其他所有贡献者表示衷心的感谢。特别感谢庹国柱教授为本书作序。

　　在撰写本著作的过程中，我们尽管尽心尽力，但水平有限，如存在疏漏和片面的情况，殷切希望广大读者不吝赐教、批评指正。我们也将不断深入开展天气指数农业保险研究，多出成果，在助力农业保险高质量发展和农业现代化中作出我们应有的贡献。

刘布春　张仁江
2024 年 3 月 27 日

目 录

总 论

第1章 研发背景与目标 ·· 3
  1.1 地方特色农产品生产现状与发展规划 ·· 3
  1.2 地方特色农产品农业保险的必要性 ·· 4
  1.3 天气指数保险研究与业务进展 ·· 6

第2章 天气指数农业保险产品研发方法 ·· 9
  2.1 农业气象灾害风险识别 ·· 9
  2.2 天气指数的构建 ·· 10
  2.3 农业气象灾害风险评价 ·· 11
  2.4 纯风险损失确定方法 ·· 12
  2.5 保险产品费率厘定 ·· 13

第3章 天气指数保险研发基本流程 ·· 14
  3.1 天气指数保险标的确定 ·· 15
  3.2 保险产品的需求分析与调研 ·· 16
  3.3 资料与数据收集 ·· 19
  3.4 指数保险产品设计 ·· 20
  3.5 费率优化与条款设计 ·· 22
  3.6 天气指数保险服务 ·· 23

各 论

第4章 辽宁省新民市大棚西瓜天气指数保险产品研发指引 ··········· 27
  4.1 标的确定 ·· 27
  4.2 资料与数据收集 ·· 27
  4.3 农业生产关联的气象风险识别与分析 ·· 27
  4.4 天气指数构建与模型建立 ·· 29
  4.5 低温冷害指数保险产品研发 ·· 29

4.6 大风指数保险产品研发 ... 38
4.7 综合气象灾害指数保险产品研发 ... 47

第5章 宁夏回族自治区中宁县枸杞天气指数保险产品研发指引 ... 57
5.1 标的确定 ... 57
5.2 资料与数据收集 ... 58
5.3 农业生产关联的气象风险识别与分析 ... 58
5.4 天气指数构建与模型建立 ... 59
5.5 干旱指数保险费率厘定与保费 ... 61
5.6 宁夏回族自治区中宁县枸杞干旱指数保险条款设计 ... 64

第6章 四川省龙泉驿区水蜜桃天气指数保险产品研发指引 ... 69
6.1 标的确定 ... 69
6.2 资料与数据收集 ... 71
6.3 农业生产关联的气象风险识别与分析 ... 71
6.4 天气指数构建与模型建立 ... 74
6.5 高温热害指数保险费率厘定与保费 ... 76
6.6 四川省龙泉驿区水蜜桃高温热害指数保险条款设计 ... 77

第7章 山东省章丘区大葱天气指数保险产品研发指引 ... 83
7.1 标的确定 ... 83
7.2 资料与数据收集 ... 85
7.3 农业生产关联的气象风险识别与分析 ... 86
7.4 天气指数构建与模型建立 ... 88
7.5 涝灾指数保险费率厘定与保费 ... 92
7.6 山东省章丘区大葱涝灾指数保险条款设计 ... 93

第8章 河北省宽城满族自治县苹果天气指数保险产品研发指引 ... 99
8.1 标的确定 ... 99
8.2 资料与数据收集 ... 100
8.3 农业生产关联的气象风险识别与分析 ... 103
8.4 天气指数构建与模型建立 ... 107
8.5 花期冻害指数保险费率厘定与保费 ... 107
8.6 河北省宽城县苹果花期冻害指数保险条款设计 ... 109

第9章 陕西省米脂县苹果幼果期干旱指数保险产品研发指引 ... 115
9.1 标的确定 ... 115
9.2 资料与数据收集 ... 115
9.3 农业生产关联的气象风险识别与分析 ... 116

- 9.4 天气指数构建与模型建立 ··· 116
- 9.5 干旱指数保险费率厘定与保费 ·· 118
- 9.6 陕西省米脂县苹果幼果期干旱指数保险条款设计 ············· 121

第10章 陕西省米脂县苹果全发育期干旱指数保险产品研发指引 ········· 126
- 10.1 标的确定 ··· 126
- 10.2 资料与数据收集 ··· 126
- 10.3 苹果生长需水与干旱分析 ·· 126
- 10.4 天气指数构建与模型建立 ·· 126
- 10.5 干旱指数保险费率厘定与保费 ······································ 128
- 10.6 陕西省米脂县苹果干旱指数保险条款设计 ······················ 130

第11章 内蒙古自治区巴彦淖尔市向日葵天气指数保险产品研发指引 ····· 135
- 11.1 标的确定 ··· 135
- 11.2 资料与数据收集 ··· 137
- 11.3 农业生产关联的气象风险识别与分析 ···························· 137
- 11.4 天气指数构建与模型建立 ·· 139
- 11.5 暴雨指数保险费率厘定与保费 ······································ 143
- 11.6 内蒙古自治区巴彦淖尔市向日葵暴雨指数保险条款设计 ···· 145

第12章 辽宁省大连市海参高温热害指数保险产品研发指引 ··············· 151
- 12.1 标的确定 ··· 151
- 12.2 资料与数据收集 ··· 152
- 12.3 农业生产关联的气象风险识别与分析 ···························· 152
- 12.4 天气指数构建与模型建立 ·· 153
- 12.5 高温热害指数保险费率厘定与保费 ································ 156
- 12.6 辽宁省大连市海参高温热害指数保险条款设计 ················ 157

第13章 内蒙古自治区锡林郭勒盟肉羊干旱指数保险产品研发指引 ······· 162
- 13.1 标的确定 ··· 162
- 13.2 资料与数据收集 ··· 163
- 13.3 农业生产关联的气象风险识别与分析 ···························· 163
- 13.4 天气指数构建与模型建立 ·· 165
- 13.5 干旱指数费率厘定与赔付设计 ······································ 168
- 13.6 内蒙古自治区锡林郭勒盟肉羊干旱指数保险条款设计 ······· 170

主要参考文献 ·· 175

附表：调研问卷案例 ··· 177

总　　论

第1章 研发背景与目标

近年来，在中央和地方财政的大力支持下，我国农业保险发展较快。中央财政保费补贴品种基本涵盖了关系国计民生和粮食安全的主要大宗农产品。然而，在农业生产中占据重要地位的地方优势特色农产品，如瓜果、蔬菜、牧草等的保险，尚未纳入中央财政保费补贴范围。特色农产品作为地方农民增收的主要来源，生产成本高、产值大。在气候变暖背景下，特色农产品生产受极端天气气候事件频发、重发影响，因灾损失大。由于缺乏特色农产品保险产品的有效供给，农户的风险保障需求难以得到满足。2019 年，中央全面深化改革委员会发布了《关于加快农业保险高质量发展的指导意见》（简称《意见》）；同年 6 月，财政部印发《关于开展中央财政对地方优势特色农产品保险奖补试点的通知》（简称《通知》）。制定《地方特色农产品天气指数保险设计指引》（简称"指引"）的目的，一是贯彻中央全面深化改革委员会《意见》提出的相关要求，主动响应国家高质量发展农业保险的号召；其次是抓住财政部《通知》中最大力度支持地方优势特色农产品保险开展的机遇期；重点是规范农业保险行业天气指数保险产品研发方法与技术流程，以提高农业保险服务水平，促进我国农业保险高质量健康发展。

"指引"的制定依托中国农业科学院农业环境与可持续发展研究所与中国财产再保险有限责任公司共建的"农业风险与保险"联合实验室，在联合实验室"战略合作备忘录"的框架下，双方本着合作共赢的原则签署研发项目合作协议。中国财产再保险有限责任公司委托中国农业科学院农业环境与可持续发展研究所，开展地方特色农产品天气指数保险指引的研究工作。

"指引"项目的具体目标是，针对具有代表性的 8 类地方特色农产品设计 12 款天气指数保险产品，搭建天气指数保险产品指标评价体系，完成《地方特色农产品天气指数保险设计指引》。

1.1 地方特色农产品生产现状与发展规划

农产品是农民或农业生产经营者通过种植、饲养而获得的物品。地方特色农产品是反映地域性和文化内涵的农产品，消费者认同感较强，其附加值高，资本回报率高于一般农产品。根据 2005 年以来每年中央一号文件的精神，为充分发挥各地资源优势，因地制宜地大力发展特而专、新而奇、精而美的各种特色农产品，推进"一村一品"建设，加快形成国内外知名的地方特色农产品优势区，培育一批特色明显、类型多样、竞争力强的专业村、专业乡镇，引导特色农产品向最适宜区集中，加快形成科学合理的农业生产力布局，实现农民收入稳定增长，农业部分别于 2007 年、2014 年制定发布了《特色农产品区域布局规划（2006—2015年）》《特色农产品区域布局规划（2013—2020 年）》。以上规划的提出，明确了特色农产品区域化发展要以农业增效、农民增收为目标，按照品质特色、开发价值、市场前景的标准，确定了特色蔬菜、特色果品、特色粮油、特色饮料、特色花卉、特色纤维、中药材、特色草食牲畜、特色猪禽、特色水珍 10 类 144 种特色农产品。以生产条件、产业基础、区域分工为标准，结合《全国主体功能区规划》中"七区二十三带"农业战略格局要求，规划了一批特色农产品的优势区并细化到县，涉及 2100 多个县级行政单元，确定了发展五大重点领域：品种资源库、国家和行业标准、技术体系、传统加工、营销网络和信息平台。

随着工业化、城镇化和农业现代化的快速推进，特色农产品的新产品、新品牌、新品种大量涌现，生产的专业化、规模化、标准化、市场化水平越来越高，特色农产品的品种品质、技术条件、空间布局、市场竞争力均相继发生变化，规范统筹为农服务、部门合力防灾减灾尤为重要，对推进产业化进程，保护农民利益，实现"扩面、增品、提标"的发展要求具有战略性意义。

1.2 地方特色农产品农业保险的必要性

地方特色农产品品类多、产值高、增长快。《全国地方特色农产品上行报告》显示，截至 2018 年年底，地方特色农产品数量达到 2900 多种，覆盖全国所有省份，2018 年销售额较 2017 年劲增 49%。

气象灾害风险是农产品生产中最主要的风险。除制度风险和市场风险之外，生产风险是农产品生产中最大的风险，也是农户、地方政府最为关注的风险。农业生产是一个自然再生产和经济再生产相互交织的过程，农产品的产量和品质很大程度上受制于天气气候条件，其中干旱、洪涝、低温、高温、冰雹、大风、暴雪等气象灾害会造成农产品产量下降、品质降低、商品价值减小而导致巨大损失。

全球气候持续变暖使农业气象灾害风险进一步加大。在全球气候持续变暖的大背景下，各类极端天气气候事件在全球出现的频率增加，给农业生产经营活动带来了很大的不确定性。特别是给地方特色农产品生产适应气候变化及应对气象灾害带来了重大的挑战。由于气温、降雨、光照、风等天气风险给农业造成了很大的影响，引起农产品产量和品质下降、收益降低。而这些农业天气风险在传统的农业保险中无法承保。

农业保险是防范和转移特色农产品生产天气风险的重要工具。农业保险作为分散农业生产经营风险的重要手段，对推进现代农业发展、促进乡村产业振兴、保障农民收益等方面具有重要作用。近年来，在党中央、国务院正确领导下，各地区、各有关部门积极推动农业保险发展，不断健全农业保险政策体系，取得了明显成效。2019年，财政部开展了中央财政对地方优势特色农产品保险的以奖代补试点。2020年，财政部发布《关于扩大中央财政对地方优势特色农产品保险以奖代补试点范围的通知》，随后进一步扩大试点范围至20个省份。各地区按照自主自愿的原则，开展地方优势特色农产品保险，申请中央财政补贴支持，鼓励各地对贫困地区给予优先支持。2021年中央一号文件提出，将地方优势特色农产品保险以奖代补做法逐步扩大到全国，健全农业再保险制度，发挥"保险+期货"在服务乡村产业发展中的作用。

天气指数保险产品对完善地方特色农产品生产风险防范体系具有显著的应用价值和产品优势。落实国家地方优势特色农产品保险支持政策，亟须设计因地制宜、量身定制的保险产品。然而，目前特色农产品保险的业务还属于起步阶段，其保险损失数据远远不能满足产品设计的需要。特色农产品产量和品质的形成与气象条件之间存在密切的相关性；气象灾害是导致特色农产品产量减少、品质下降的最主要原因；各地气象数据在时间长度和空间密度上能满足特色农产品天气指数保险产品设计的基本要求。因此，研发地方特色农产品天气指数保险产品具有一定的可行性，同时保险产品的有效供给可客观地转移分散关乎农民富裕的特色农产品生产的灾害风险，对于完善其生产风险防范体系非常必要。

相比大宗农产品，特色农产品的天气指数保险产品研发更具复杂性。小麦、玉米、水稻、棉花、大豆、能繁母猪、奶牛等大宗农产品，生产规模大、覆盖范围广，在国家惠农支农政策的支持下，涉农保险公司自2007年开始逐步扩大规模，开展了相关大宗农产品的政策性农业保险业务，同时也尝试了天气指数农业保险产品的研发与应用。大宗农产品天气指数保险实践已经积累了不少的数据和经验，可以为特色农产品的天气指数农业保险产品研发提供一定的借鉴。然而，特色农产品从品种、生产方式、产品价值等方面都具有地方特色，相比大宗农产品的生产条件更具"一站一式""一品一式"的特点。为控制天气指数农业保险产品普遍存在的"基差风险"（basic risk），特色农产品天气指数保险产品的研发更需要精细化的气象风险分析，并建立气象风险与一定品质条件下的特色农产品产量损失之间的关系模型。然而这样的模型还较为缺乏，在大多数特色农产品上几乎空白。因此，特色农产品天气指数保险产品的研发相比大宗农产品更加复杂，挑战和机遇并存。

综上所述，撰写《地方特色农产品天气指数保险设计指引》，对于指导地方特色农产品指数保险、科学规范设计是非常必要的。

1.3 天气指数保险研究与业务进展

1.3.1 天气指数保险的概念

天气指数保险是利用与农场产量或收入高度相关，但又独立于标的的一个或几个指数化的天气变量，如温度、降水、风速、光照或天气事件（台风、冰雹、冰冻、热浪、暴风雪、厄尔尼诺等）等为赔付依据的农业保险产品。它是相对于传统农业保险产品的一种保险产品模式，与传统农业保险产品的区别主要在于指数保险产品的理赔依据是天气指数，传统农业保险的理赔依据是直接产量或收入损失；天气指数保险的理赔依据是来源于标准气象站的气象数据。理论上，与传统农业保险产品相比，天气指数作物保险产品具有减少道德风险、避免逆选择、合同透明、管理成本低、理赔快捷、支持再保险等优势，并可承保空间关联的灾害风险。

1.3.2 天气指数保险的研发进展

以农作物产量或收入为保险标的的传统农业保险产品普遍存在的道德风险（moral hazard）、逆选择（adverse selection）、灾害风险的空间关联度大及农业风险的系统性等问题，导致商业化的农业保险市场失灵。传统农业保险模式的局限性激发了天气指数农业保险产品的诞生。从20世纪90年代起，国际上开始研究天气指数（或称为气象指数）农业保险。

天气指数农业保险实践的结果是指数保险的理念得到广泛认同，但是实际推广的速度和范围非常有限。从理念到试点经过了大约10年的时间，从试点到现在又过了10多年。1998年开始，尼加拉瓜、摩洛哥、埃塞俄比亚、加拿大、墨西哥、印度、马拉维和南非等国家陆续实施指数保险研发项目。加拿大算是最早实践天气指数保险产品的国家。2000年，加拿大农业金融服务公司采用农业气象学的玉米热量单位（corn heat unit, CHU）指数开展灌溉谷物玉米和青贮玉米低温保险业务。墨西哥的烟草指数保险所采用的天气指数是最低气温低于12℃的日数。尼加拉瓜直到2007年才有2份花生的旱灾指数保险产品销售，2008年增加到12份花生保单和4份水稻保单；2009年增加到400个农户。摩洛哥研究了近10年，直到现在还没有销售的报道。埃塞俄比亚到2009年有137个农户购买了扁豆降雨指数保险；200个种植画眉草的农户购买了降雨指数保险。马拉维和南非的指数保险研究计划始于1992年，直到2005年才销售出约1000份花生旱灾指数保单。2003年，印度降雨指数保险产品一开始只销售给230个农户，到2005

年，购买降雨指数保险产品的农户达到了 250 000 个。

2007 年，中国开始试点政策性农业保险，世界粮食计划署和国际农业发展基金与中国政府商讨天气指数农业保险方面的技术合作。2008 年由农业部、世界粮食计划署和国际农业发展基金共同出资启动了"农村脆弱地区天气指数农业保险国际合作项目"，项目委托中国农业科学院农业环境与可持续发展研究所和世界粮食计划署具体实施。该项目的实施推动了天气指数保险在中国的发展。2014 年 8 月，国务院发布了《国务院关于加快发展现代保险服务业的若干意见》（国发〔2014〕29 号），明确提到：积极发展农业保险，探索天气指数保险等新兴产品和服务，丰富农业保险风险管理工具。可以看出天气指数保险在分散农业天气风险中发挥着重要作用，已经纳入国家政策层面。

2007 年上海安信农业保险股份有限公司（2020 年 12 月 25 日更名为太平洋安信农业保险股份有限公司）首次在国内推出西瓜天气指数保险业务后，2009 年国元农业保险股份有限公司首次在中国保险监督管理委员会备案了"农村脆弱地区天气指数农业保险国际合作项目"的研发成果——水稻种植天气指数保险。随后，天气指数农业保险的研发与应用如雨后春笋般在我国广泛开展，中国人民财产保险股份有限公司、中华联合财产保险股份有限公司、中国太平洋财产保险股份有限公司、中国人寿财产保险股份有限公司、中国平安财产保险股份有限公司、国元农业保险股份有限公司、安华农业保险股份有限公司、中航安盟财产保险有限公司、中国大地财产保险股份有限公司、太平洋安信农业保险股份有限公司、中煤财产保险股份有限公司和华农财产保险股份有限公司等保险公司相继开展了天气指数保险产品业务工作，保险的对象主要是大宗粮食作物、水果、蔬菜、花卉、药材、烟叶、茶叶、水产、畜产、蜂蜜等。例如，2009～2010 年柑橘冻害指数、水稻暴雨灾害指数；2014 年江西早稻高温逼熟指数；2013～2015 年冬小麦多种灾害指数、水稻高温热害指数；2016 年海南杧果寒害指数；2017 年中稻高温热害指数；2018 年河南省花生连阴雨灾害指数；2019 年宁夏枸杞炭疽病害天气指数等。

开展天气指数的农业保险公司不断增多，指数保险产品不断推陈出新。天气指数保险的快速发展，主要源于其相对传统的农业保险具有明显的优势。道德风险和逆选择问题一直是传统农业保险的硬伤，天气指数保险能够很好地解决这些问题。天气指数保险可保的前提是风险的空间关联。并且，由于天气指数的可测量性、客观性、公开性、人为不可操纵性等特征，在理论上，决定了天气指数作物保险产品具有道德风险小、避免逆选择、合同透明、管理成本低、理赔快捷、支持再保险等特点。与传统农业保险产品相比，天气指数保险产品具有明显的商业化经营优势。然而试点的结果是经验与挑战并存。

实践证明了天气指数农业保险理论上的优势；问题在于"基差风险"和产品的可复制性差，制约了天气指数保险推广力度和效率，同时，长时间高质量基础数据的缺乏、保费厘定选用精算方法较为复杂，也影响了研发技术方法的严谨性。在推广前期，还需要大量资金投入在气象设施装备等方面，会造成一定的经济负担。此外，若气候变化异常出现的次数增多，一定程度上会失去保险精算的稳定性和公平性，小气候地区不适合推广该类型的保险产品。因此，亟待提出针对特色农产品天气指数农业保险产品研发的技术指引，以指导行业技术产品的规范性研发。

依据我国农业农村部有关地方特色农产品的规划，全国2100多个县级行政单元涉及10类144种地方特色农产品。从天气指数农业保险的理论和实践来看，研发地方特色农产品天气指数保险产品，要坚持"因地制宜、量身定制"的原则。选择干旱、洪涝、高温、低温、风雹等单灾种或综合灾种气象灾害对农产品的种植、养殖及其产量和品质造成显著损失的区域和品类开展研发。

发展天气指数保险要求具备高质量的数据。对于特色农产品天气指数保险，产品开发需要质量可靠、不易篡改、可以自动获取的气象数据。但我国地域辽阔、气候类型复杂多样，获取更全面、精准的天气数据成为研发天气指数保险产品的关键。目前，支撑产品研发的气象数据存在两方面的问题：一方面是具备长时间序列数据的地面气象观测站点空间密度不够；另一方面是空间密度较高的地面自动气象观测站建站时间不长，数据时间序列不长。因此，这在一定程度上制约了天气指数保险的发展。为此，需要加强地面气象站点建设，完善与天气指数保险发展相关的基础设施。同时，统计、农业、气象等部门要加强协调与合作，通过数据共享及校验，提高数据的可获得性与可靠性。

第 2 章　天气指数农业保险产品研发方法

天气指数农业保险产品研发，涉及农业气象风险识别、天气指数构建、风险评价和纯风险损失确定及保险产品费率厘定几个关键环节。为此，按照以上环节分别论述天气指数农业保险产品研发的主要技术方法。

2.1　农业气象灾害风险识别

农业气象灾害风险是指在历年的农业生产过程中，孕灾环境的气象要素年际之间的差异引起某些致灾因子发生变异，种植或养殖的农产品发生相应的响应，使最终的农作物、畜产品、水产品等产量或品质与预期目标发生偏离，影响农业生产的稳定性和持续性。

农业气象灾害风险具有多种分类方式。按照致灾因子分，有农业干旱风险、农业洪涝风险、农业霜冻风险、农业高温风险、农业大风风险、农业冰雹风险等。按照承灾体产业分，有种植业、养殖业、渔业等气象灾害风险。按照农业风险的承灾体分，主要是作物、畜牧、水产风险等，畜牧主要有黑灾、白灾等；水产养殖主要是高温热害等。按照作物类型分有粮食、蔬菜、林果、药材、油料风险等。按作物生育阶段分，小麦有越冬冻害风险、拔节期的晚霜冻害风险、灌浆乳熟期的干热风风险等，水稻有育秧期的烂秧天气风险、抽穗开花期的寒露风风险等。

农业气象灾害风险分类的目的，是按照分类研究灾害的特点，掌握灾害的发生发展及其影响的规律，进一步达到科学管理灾害风险的目的。然而，确定农业气象灾害与农产品产量形成关键时期的对应关系，是一个复杂的科学研究过程。涉及的学科较为广泛，主要包括作物栽培学、作物生理学、蔬菜学、果树学、园艺学、畜牧学、水产学、土壤学、气象学、农业气象学、高等数学、数理统计学、计算机技术等。面向农业保险应用，目前确定农业气象灾害与农产品产量形成关键时期的对应关系的主要方法分为以下 3 类。

（1）实地调研方法：对同一类农产品进行实地调研，通过产地调查、生产者访谈，获取灾害风险与农产品产量形成关键时期的对应关系的足够样本量的信息，进一步分析确定。

（2）科学试验方法：一是学术文献调研方法，即查阅科学著作、科学论文等文献中关于某种农产品产量和品质与气象条件（包括气象灾害）对应关系的研究结果；二是实际的科学试验研究，通过采用分期、分区域栽培（养殖）或控制试验,或调查统计某种农产品生产全过程与遭遇的或设定的气象灾害与农产品产量形成关系,以筛选和确定灾害风险的关键时期及其对应关系。

(3)数理统计方法:在农产品损失数据样本较多,且对应气象数据序列较长的情况下适合采用这种方法。具体来说,在农业气象学已有研究成果的基础上,依据主要灾害类型,确定致灾因子的气象物理量,如温度、降水、光照、风速等和其他天气现象,如冰雹、大雪、冻雨等。基于气象物理量的日、旬、月等时间尺度的气象数据,应用"信息膨化",构建不同生长季任意组合的气象因子集,在此基础上,分析筛选气象因子与农产品产量和品质非常相关又彼此独立的因子。同时,回溯这些因子的生物物理学意义,最终选定因子,与农产品产量和品质呈显著负相关的因子被定义为农业气象灾害因子,其对应的时段即为农产品生产受灾害影响的关键时期。

2.2 天气指数的构建

面向天气指数保险产品研发,在识别灾害风险的基础上,通过上述方法基本确定了致灾因子的气象物理量的范围。

降水、温度等天气变量与农作物的生长发育及其产量形成有很高的相关性。通常降水过多会造成洪涝灾害,降水缺乏又会引起干旱,温度过低会导致作物低温冻害的发生,温度过高又会使作物受到高温热害的胁迫,这些灾害最终导致作物产量减少,造成损失。因此,在研发天气指数农业保险产品时,经常把在一定时间范围内(一般为作物生长发育对天气或气象条件敏感的关键期内)的降水或温度的累计量或其平均值作为保险产品的天气变量。

事实上,作物的产量形成不仅与降水、温度相关,还与日照时数(或太阳辐射)、风速、大气湿度等天气变量相关。比如,由于阴雨而引起的日照时数减少,太阳辐射降低导致作物开花授粉受阻,大风导致作物倒伏,空气湿度过高导致病害等造成的作物减产。

为了能够筛选出与作物产量损失高度相关的天气变量,应综合考虑尽量多的天气变量及它们组合的复合天气变量。但是考虑到数据的可获得性和天气指数农业保险产品的简便、易懂和可操作性,目前采用降水和温度变量的产品居多。

例如,印度花生生长季累计降水量指数产品。花生各生长阶段对水分的需求不同。在印度,可以把花生生长季分为3个阶段,分别是种植到营养生长阶段(6月10日至7月14日)、开花到结荚形成阶段(7月15日至8月28日)和灌浆到成熟阶段(8月29日至10月2日)。研究发现,花生生长状况及最终的产量形成与各生长阶段累计降水量有显著的相关性。因此,确定天气指数产品的天气变量就是各阶段的累计降水量。

进入 21 世纪，包括中国在内的发展中国家，在原有气象站网的基础上布设了很多自动气象站。因此，采用低成本的自动气象监测站多要素数据研发天气指数农业保险产品成为可能。另外，高精度卫星遥感技术可以提供对干旱、洪涝等灾害的监测信息。利用高精度卫星遥感图像信息结合天气数据开发天气指数农业保险产品也成为研发洪涝、旱灾指数保险产品的一个新的方向。天气变量测量范围的扩大、天气变量类型的扩展，以及重复性测量和自动装置的校准，进一步增加了指数的可信度。

在实际业务操作中，所筛选的天气指数的值域范围对应农产品产量（或价值）的损失，它们之间的关系是一一对应的，因此，可以根据天气指数的值认定保险责任或一次保险事故。构成天气指数的气象物理量数据从保险相关方认定的气象标准站获取数据，不同标的、不同区域、不同灾害、不同保障水平，指数计算的方法均有差别，目标是尽可能地控制"基差风险"。单灾种或多灾种、单一指数和综合指数的赔付方式均需要在指数构建中予以考虑，目标是指数的选择能够度量标的的实际损失。

2.3 农业气象灾害风险评价

（1）保险损失（产量损失或收益损失）与天气指数的相关关系分析。首先，要定义农产品的产量损失。农产品的损失是个相对的概念，譬如可以是低于期望产量的一个数值，可以是低于区域产量或约定产量的一个数值，等等。具体问题具体分析。依据实际产量分离气象产量也是目前一种普遍定义产量损失的方法。通常会从历史的实际农业产量序列分离因生产力进步的产量，即趋势产量，因气象条件影响的气象产量和随机噪声部分。其中，负的气象产量被定义为气象条件不适宜（或气象灾害风险）导致的产量损失。根据产量损失的定义建立其样本序列。其次，依据致灾因子数据集，分析各气象因子与产量损失序列的单相关性、复相关性，筛选生物物理意义明确的因子。建立单因子或多因子的天气指数与产量损失的定量关系模型。

（2）气象灾害风险概率分析方法。依据确定的天气指数样本确定其风险概率分布。可通过参数方法，选取正态分布、偏正态分布、Gamma 分布、Weibull 分布、Logistic 分布等拟合样本的概率分布。通过 Anderson-Darling 检验（A-D 检验），$P>0.05$ 表明服从该分布，一般 AD 值越小，对数据拟合度越好。当我们对总体分布的形式所知甚少时，可采用非参数方法建立天气指数的概率模型（本书案例未涉及）。

（3）基差风险的分析方法。基差风险是指指数赔付与实际损失不匹配的情况。规避基差风险的主要途径有，选择气象站点的数据能代表标的生产环境的物理量；

如果研究地区气象站点不足，可采用经过校正和验证的网格气象数据；避免小气候形成的站点数据与生产环境数据不一致的情况；筛选致灾因子与产量损失关系模型的拟合度比较高的模型（如拟合度大于 85%）；去掉气候变化的趋势；在考虑气候变化周期的基础上，确定分时期的风险分布。另外，较低基差风险的农户自我保险、私营保险公司附加产品、指数保险与农村金融绑定、只对极端事件提供保险等也是规避基差风险的途径。

2.4 纯风险损失确定方法

天气指数保险产品纯风险损失确定方法是指数保险产品设计的核心技术。纯风险损失定价方法主要包括精算定价法（actuarial pricing approach）、衍生品定价法（derivatives pricing approach）和无差异定价法（indifference pricing approach）。其中，精算定价法是厘定天气指数农业保险纯自然风险费率、设计天气指数农业保险产品雏形最基础的方法。

精算定价法主要包括以下两种方法。

2.4.1 燃烧分析法

天气指数保险产品费率厘定最常用的方法就是燃烧分析法（burn analysis）。该方法假定未来损失分布与历史经验分布一致，由历史数据计算赔付现值的期望值，该期望值即为纯保费的最优估计。令 I 表示天气事件，$W(I_i)$ 为第 i 年收益，过去 n 年的历史数据得到纯保费价格 F 为

$$F = e^{-rT}\left[\frac{1}{n}\sum_{i=1}^{n}W(I_i)\right]$$

式中，e^{-rT} 为无风险折现因子。

2.4.2 指数模型法

指数模型法（index modeling）的具体操作步骤是：首先选取某一模型对相对应的天气指数进行拟合，然后使用极大似然估计法估计模型的参数，最后由得出的指数模型计算出相应的期望赔付。该模型的选取要根据历史数据的特点判断是选择离散分布或连续分布、参数或非参数模型。当历史数据量足够大（一般大于 100 个数据量）时，适宜选取连续型分布。通过对历史数据进行模拟，得到正态分布或核密度分布，计算出对应的期望和方差。如得到的不是上面两种分布时，通常选择蒙特卡罗法。

2.5 保险产品费率厘定

在纯风险损失的基础上，考虑经营成本、风险波动、利润附加等因素后确定保险费率。特别是在气候变化背景下，在研究极端天气气候事件风险规律基础上，调整费率。

毛费率=纯费率×(1+安全系数)÷(1−营业费用系数)÷(1−利润率)

通常将安全系数值定为15%，营业费用系数定为20%，利润率定为5%。

第3章 天气指数保险研发基本流程

针对天气指数保险研发，须通过对生产主体在不同时期和阶段，依据其收入、支出及生产环境等因素，对标的所面临的农业气象风险进行全面的分析和评估，从而制订灾害风险防范管理的具体指数保险研发方案。

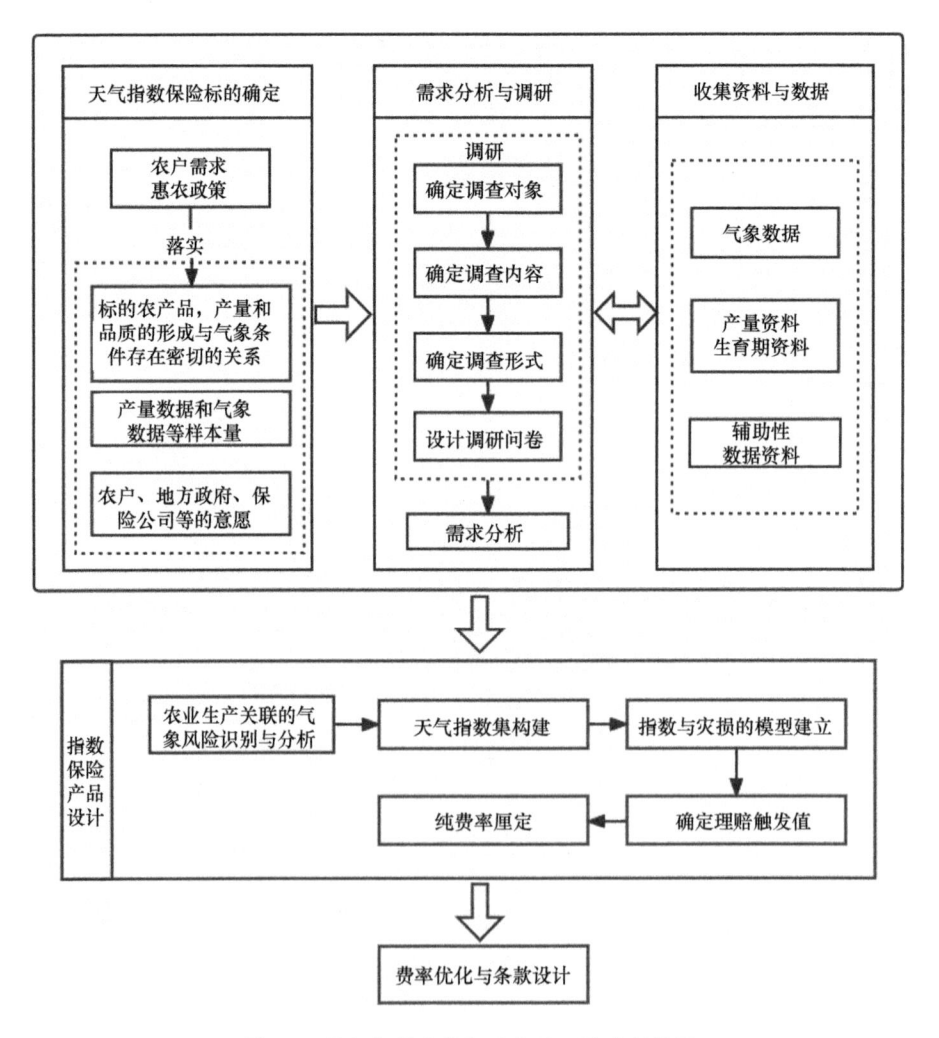

图 3.1 天气指数农业保险产品研发流程简图

农业保险产品研发流程主要包括以下几个方面：一是确定保险标的；二是进行标的农业风险评价，包含风险识别、风险分析、灾损确定；三是生产成本测算；四是费率厘定；五是设计保险协议。

天气指数农业保险产品是农业保险产品的一种特殊类型，无论其理论框架还是研发方法和技术，都还处于发展阶段；研发产品的各类数据还需要积累。因此，现阶段基于发展完善中的理论框架和技术方法，以及不完备的数据基础，其研发的流程有其特殊性。天气指数保险产品的研发流程主要包括，一是确定保险标的；二是需求分析与调研；三是收集资料与数据；四是指数保险产品设计；五是费率优化与条款设计。其中，产品设计主要包括：①与气象关联的农业生产风险识别与分析；②天气指数集构建；③指数–灾损模型建立；④理赔触发值确定；⑤纯费率厘定。具体天气指数研发流程如图 3.1 所示。

3.1　天气指数保险标的确定

目前，全国三大主粮作物保险保障的广度已经达到较高水平，平均覆盖率超过 70%，内蒙古、辽宁、浙江、安徽等地接近 100%全覆盖。总体来看，中央财政补贴的品种覆盖率较高，但多数没有政府补贴的地方特色优势品种覆盖率较低。地方特色农业保险覆盖面小，是一个普遍存在的现实性问题。例如，湖北是水产养殖大省，农户对小龙虾、鱼类等特色农产品保险的需求很大，全省承保面积仅有 4.74 万亩[①]，覆盖率还不到 0.5%。新疆几乎覆盖全疆农牧区的 2100 多万亩林果、4000 多万只羊基本没有保险。与传统粮食作物相比，近些年，各地特色农产品保险发展速度很快、势头很好，但与巨大的需求空间相比，仍有很大的发展潜力。

为满足农户保险多样化需求，提高农产品风险保障能力，在省、市、县三级财政保费补贴支持下，大力发展、积极推广地方特色农产品保险，推动形成特色农业种植、畜禽养殖、水产养殖、食用菌栽培等天气指数保险产品；扩大保障范围，完善农业保险制度，推动地方农业保险"扩面、增品、提标"，切实把惠农政策落到实处。

地方特色农产品天气指数保险设计指引项目依据政策扶植、种养类型、气候特征等综合因素来选择地方特色农产品作为农业保险研发对象。按照地方特色农产品分为 8 类，分别是蔬菜瓜果、大棚作物、油料作物、经济作物、中药材、林果、养殖的水产和放牧牲畜。每种类型在其主产区选取具有代表性的地方特色农产品作为研究对象。综合考虑地方特色农产品受天气气候影响比较大的区域，选取辽宁、河北、山东、宁夏、四川、陕西、内蒙古等为研究区域。研究区域气候类型包括：温带大陆性季风气候、海洋性气候、中亚热带季风性湿润气候等。影

---

① 1 亩≈666.67m²。

响保险标的生产的主要气象灾害类型有干旱、洪涝、高温热害、低温冻害、大风等。地方特色农产品农业保险研发案例的生产地区气候复杂，气象灾害种类多，区域特点鲜明，同时代表了我国主要的气候类型。

开发地方特色农产品天气指数保险产品，标的应具有以下特征：一是地方特色农产品的生产风险应来自气象灾害，并且其产量和品质的形成与气象条件存在密切的关系。二是有足够样本的产量数据和气象数据或者有相关产量品质与气象条件关系的试验研究的结果。三是农户、地方政府、保险公司等标的相关方有意愿开展这类保险业务。可保标的地域范围应选择环境条件比较一致，邻近气象站点数据能代表标的生产环境的范围。国际上建议的标的生产范围应在气象站周围15～20 km。建议在参考这一范围的同时，结合各种气象灾害的特点，范围可适当地扩大或缩小。如果标的生产环境存在明显的地形小气候特征，这一范围应进一步缩小。在此基础上，还需要考虑数据的可获得性及未来保险业务的可操作性。天气指数农业保险产品的研发机构，应拥有相当数量的农业气象、保险精算知识相关专业背景的人才，在独立于保险业务、生产经营、气象数据提供等机构或主体之外，成立有专业资质的第三方研发机构。

本指引具体选定的标的如表 3.1 所示。

表 3.1 地方特色农产品天气指数保险标的类型和分布区域

产品类型	地方特色农产品	地区
蔬菜瓜果	大葱	山东章丘
大棚作物	西瓜	辽宁新民
经济作物	水蜜桃	四川成都龙泉驿
中药材	枸杞	宁夏中宁
林果	苹果	河北宽城、陕西米脂
油料作物	向日葵	内蒙古巴彦淖尔
养殖的水产	海参	辽宁大连
放牧牲畜	羊	内蒙古锡林郭勒

3.2 保险产品的需求分析与调研

保险产品的研发必须先进行市场调查，了解生产主体对新的风险保障的需求及其市场潜力，调查原有保险的经营状况。可以通过文献检索、实地调研、政策调研、相关部门的访谈等多种方式，初步确定天气指数农业保险的现状，包括保险种类、保险类型、保险金额、保障程度、保险试点范围、政府财政补贴、农户缴费比例等情况，发现现存保险存在的问题或空白领域。通过实地调研、深入分析地方特色农产品的区域气象灾害类型、标的的灾害风险及农户的支付意愿和支付能力等，初步了解天气指数保险应用与推广的可行性。对了解到的生产主体所关心的、期望的甚至急需的风险防范内容进行深入研究，从而为开发能够唤起保险者需求的保险产品提供思路。具体的需求分析从以下几个方面开展。

3.2.1 调查对象

调查对象主要包括：生产主体、政府部门、银保监委员会、保险公司和相关专家。其中，生产主体包括农户、种植大户、种植企业、合作社等；政府部门主要是涉农部门、农业技术推广部门等；相关专家主要来自农业、保险、气象研究的高校和科研机构。

3.2.2 调查内容

调查内容主要包括：标的的种植区域、发育期（可生长期），影响标的产量、品质、价格（特别适用于特色农产品）的主要气象要素、气象灾害及影响时段和频次等；不同年份下标的的产值、价格、产量及生产主体的收入等情况；标的种植管理成本的构成及费用；生产主体购买保险产品的意愿保费、可承受保费，支付意愿，潜在支付能力等情况。

3.2.3 调查形式

调查形式主要包括：分小组赴保险标的的特色产区实地考察。针对指数保险产品中各参与方，调查形式有所不同。

针对生产者（潜在投保人），向不同的生产主体发放调查问卷（包括与当地生产者"背靠背"式问答调查、纸质问卷、电子问卷等）。

针对政府机构（产业保护机构，农业、气象、财政等部门）和保险公司，邀请机构有关人员和相关领域的专家及农户代表开展集体的半开放式访谈。介绍天气指数农业保险项目，通过访谈了解各方的潜在意愿；听取政府的产业保护与财政规划诉求及保险公司的业务拓展与风险控制诉求等。

除了上述调查形式外，文献调查也是重要的调查形式。

3.2.4 需求分析

根据调查资料和数据，分析当地生产主体、政府部门等对天气指数保险的支付意愿和支付能力，以及决定支付意愿和支付能力的因素，确定生产者感知的主要气象灾害风险，为量身定制地方特色农产品天气指数保险提供风险分散的范围和目标人群。

3.2.5 调研问卷

为了探究天气指数保险需求的诸多影响因素，深入了解农户的现实需要，为保险条款的制定提供准确依据，在天气指数保险产品设计过程中能够更多地考虑农户的需求因素，使保险合同中的指数评估、保费确定等关键条款的制定更加科学、合理和更具可操作性，可以设计不同形式的"天气指数保险需求调查问卷"。问卷的主要内容可以包括：①关于农户基本特征方面，包括年龄、文化程度、耕地面积、耕种收入；②农户的风险意识方面，包括生产中遭受的天气风险种类、成灾年间作物损失情况、对天气变化规律的认识、天气事件与作物产量的相关性；③保险公司服务方面，包括农户对天气指数保险的了解程度及对保险公司服务的满意度；④政策导向，包括农户对天气指数保险价格补贴的需求及政策性农业保险的保障程度等。

以安徽水稻种植天气指数保险调研为例，说明具体的调研内容和方法。2009年在安徽省长丰县和怀远县开展调研，通过问卷调研，主要对农户层面的天气指数农业保险进行需求分析。调查问题包括农户面临的风险、应对机制和对天气指数农业保险支付的意愿。通过对调查数据分析，本案例结果如下：干旱和洪水是当地农作物的主要天气风险；农民应对作物损失的主要策略是寻求就业，或向亲戚或朋友借钱；大多数被调查的农民对天气指数农业保险感兴趣；那些熟悉保险，因降水不足或过多而造成损失，可能更信任当地天气预报准确性的农民，对天气指数农业保险更感兴趣。

1. 需求评估问卷

需求评估数据是通过使用需求评估问卷进行调查收集的。该问卷包含45个问题，包括受访者的基本信息、农户面临的实际和感知风险、目前使用的应对机制、农户的支付能力和他们对天气指数农业保险（weather index agricultural insurance，WIAI）的支付意愿（willingness to pay，WTP）、农户（household，HH）的信贷渠道和他们目前的农业生产措施等（见附表）。

2. 抽样方法

在安徽省长丰县和怀远县，依据两县的农户数量，按照置信区间为5、置信水平为99%，计划样本量为665个农户，抽取了22个行政村（administrative village，AV）。鉴于这些行政村的人口和规模相对一致，为了调查方便和控制成本，每个村中抽取30个农户。实际样本量为660个（计划665个），实际置信区间为5.02、实际置信水平为95%。计算采样间隔，确定选择哪些村。

采样间隔=总农户数（436 281）/选择的村子的数量（22）=19 831

3．需求分析结果

通过农户感知风险的比例分析、作物减产与降水之间的关系分析、降水稳定性分析、农户应对风险策略分析、天气预报认可度分析、对保险的功能认知度分析、购买农业保险意愿分析，确定农户支付意愿的潜在影响因素。

通过农户支付意愿与潜在影响因素变量之间的相关性分析和回归分析，确定潜在的投保农户群体。

将天气指数农业保险的支付意愿定义为 y，表示因变量，其他变量定义为 x_i（$i=1, 2, \cdots, 44$），表示自变量，$y = f(x_i)$。所筛选的显著相关因子如表 3.2 所示。

表 3.2　天气指数农业保险支付意愿的相关性

	x_{33}	x_{35}	x_{40}
皮尔逊相关系数	0.080*	0.091*	0.081*
双尾检验	0.044	0.027	0.040
样本数	638	582	648

注：*相关性在 0.05 水平上显著（双尾）；x_{33}．农户对当地天气预报的准确性认可；x_{35}．5 年内雨水过多或过少造成的作物损失百分比；x_{40}．农户对保险业务的了解度

3.3　资料与数据收集

天气指数保险的设计必须基于地区长序列的历史数据，至少要获取到基础地理信息。天气指数保险产品研发所需的必要性资料，包括承保区域连续 30 年以上的气象数据（至少 20 年），不低于 10 年的长时间序列的标的产量资料、生育期资料。如果遇到数据资料序列的年份较短或存在个别年份数据缺失的情况，可采用其他数据源或数据处理方法来插补数据序列。譬如，通过卫星遥感、雷达、无人机、计算机仿真等高新技术，通过多源数据融合和陆面气象再分析获取对应网格点数据，构建满足天气指数保险产品设计的长时间数据序列。辅助性数据资料，包括但不限于重要气象灾害灾情资料、生产记录资料、试验观测资料、保险损失理赔资料及地方特色农产品的价格收益数据等。资料数据主要来源于气象、果业、畜牧业、水产、统计、民政等部门，以及高校、科研院所、新型农业经营主体（专业合作社、种植养殖大户）和文献情报资料等。

通过实地调查验证和统计检验方法，对收集到的历史资料进行完整性、可靠性审查等质量控制，如采用标准差统计检验方法对异常数据进行处理。通过公开

发表获取的数据，均已得到质量控制，因此不需要对异常数据进行加工或剔除噪点数据。

3.4 指数保险产品设计

指数保险产品设计的具体步骤分为以下 5 个方面。

3.4.1 农业生产关联的气象风险识别与分析

首先要识别天气风险，确定风险水平。利用收集的气象资料及特色农产品的生长发育期、产量和灾情等资料，结合调研后主要的气象灾害，对与农业生产关联的气象风险进行甄别与分析，确定特定地区在不同生长阶段所遭受的主要天气风险。

3.4.2 天气指数集构建

农作物在不同的生长阶段所需的气候条件是不同的，观测确定能够触发和退出天气指数的数值。天气指数可以是单一气象要素，也可以是多个气象要素的综合。一般应满足可观测或可测量性、客观性、独立可验证性和及时获得性，同时具有在时间序列上的稳定性和可持续性。

目前，天气指数的选取有两种方法：①采用已有的气象灾害指标作为农作物灾害的天气指数，即基于已颁布的国家标准、行业标准、地方标准及行业业务指标等规范化的农业气象灾害指标；②通过统计分析方法构建与农作物减产率显著相关的指数作为反映受灾程度的天气指数。具体而言，采用文献调研，基于气象灾害与标的生长发育和产量形成关系的研究成果，初步筛选造成保险标的发生灾害的相关气象要素（如日照、气温、降水、风速、空气湿度等）及其指标；或者依据试验测量、观测及业务监测的气象数据和标的产量数据，采用敏感系数、方差分析或多重比较等方法分析减产率与气象要素之间的关系，引入因子对产量的影响大且因子之间相关性小，筛选出关键致灾因子作为农作物受灾天气指数。

3.4.3 指数–灾损模型

指数与灾损的模型建立，以减产率为例，具体步骤如下所述。

（1）气象灾害减产率计算：利用历年标的的单产数据，采用时间序列分析方法拟合趋势产量，得到相对气象产量，相对气象产量<0 即为减产率。农作物产量形成影响因素包括各种自然和非自然因素。这些因素按影响性质和时间尺度划

分为农业技术措施、气象条件和随机"噪声"三大类。区域农业生产，在时间序列上，农业技术措施对产量的影响比较平缓，这部分产量通常定义为趋势产量；气象条件影响的产量定义为气象产量，当气象产量<0定义为减产量。公式如下：

$$Y = Y_t + Y_w + \varepsilon$$

式中，Y为实际产量；Y_t为趋势产量；Y_w为气象产量；ε为随机产量，一般忽略不计。

趋势产量一般利用各种统计模型得到，而其模拟方法是建立指数-灾损评估模型的关键。模拟趋势产量的统计方法一般包括线性回归、滑动平均、正交多项式、曲线回归、分段回归等。相对气象产量为气象产量与趋势产量的比值，一般定义为天气指数模型，如下所示：

$$\frac{\hat{Y}_w}{Y_t} = f(\text{WI}_1, \text{WI}_2, \cdots, \text{WI}_i)$$

式中，$\frac{\hat{Y}_w}{Y_t}$为相对气象产量模拟值，当$\frac{\hat{Y}_w}{Y_t}<0$时，表示气象条件导致的减产率；WI_i为各类影响产量损失的天气指数。

（2）典型气象灾害样本（年）确定：因农作物的减产不一定全部为气象灾害所致，所以天气指数与减产率不是绝对对应关系，因此需要对灾害的样本进行筛选，将受气象灾害明显并且导致减产的数据作为典型气象灾害数据集。

（3）构建天气指数-灾损模型：基于典型气象灾害数据样本，采用回归分析方法，得到天气指数与减产率之间有较好拟合效果，且通过显著性水平检验的统计模型。

（4）确定天气指数阈值：利用天气指数-灾损模型，计算获得不同减产率对应的天气指数阈值，即不同程度灾害对应的天气指数阈值。

3.4.4 理赔触发值

天气指数理赔触发值是指当实际天气要素或指标达到或超过保险中规定的值时，即刻启动赔付的阈值。一般理赔触发阈值的确定，是利用保险区域的历史气象资料和标的产量资料，分析保险标的历史灾害损失，基于建立的天气指数-灾损模型，得出不同天气指数阈值对应的灾害赔付率。考虑赔付率实际情况，确定相应的理赔触发值。

3.4.5 纯费率厘定

保险费率的厘定是天气指数保险的核心，一般所说保险费率是指毛保险费率，由纯保险费率（简称纯费率）和附加费率组成。纯费率是保险费率的主要构成部分，是灾害风险的主要体现，纯费率是以长期平均损失率为基础确定的，是保险费率的主要部分；附加费率通常包含安全费率、营业费率、预定节余率，其大小一般按纯费率的一定比例来确定。因此，农业保险费率的计算公式如下：

毛费率=纯费率×（1+安全系数）÷（1−营业费用系数）÷（1−利润率）

经典燃烧分析法是目前天气指数保险定价中最常用的方法。它假定未来发生损失的概率分布与历史经验分布一致，将历史数据赔付值的期望值作为纯费率的最优估计。纯费率的计算公式为

$$R = E[\text{loss}] = \sum_{i=1}^{n} x_i p_i$$

式中，R 为纯费率；$E[\text{loss}]$ 为损失期望；x_i 为第 i 类灾害对应的减产率；p_i 为第 i 类灾害发生的概率。

此外，天气指数保险产品多采用单产风险分布模型法来厘定费率。天气指数保险的纯费率计算公式可表示为

$$R = \frac{E[\text{loss}]}{\lambda Y} = \frac{\int_F^1 x f(x) \mathrm{d}x}{\lambda Y}$$

式中，R 为纯费率；$E[\text{loss}]$ 为产量损失的数学期望；x 为减产率序列；$f(x)$ 为单产风险的概率分布，目前较常用的分析作物单产风险分布的参数模型包括 Beta 分布、Gamma 分布、Weibull 分布、Logistic 分布、Burr 分布、对数正态分布和双曲线反正旋分布等；F 为理赔触发值对应的减产率；λ 为保障比例，根据保险区域当地的实际情况确定；Y 为预期单产。

3.5　费率优化与条款设计

（1）天气指数保险费率优化。在开展较大范围天气指数产品设计时，要注意控制基差风险，要依据标的环境空间的差异性，特别注意小气候等区域条件，因地制宜地对天气指数保险费率进行优化。保险公司可依据纯费率、具体保险业务开展的附加费率，确定天气指数保险产品费率。

（2）赔付的历史回溯检验。依据保险费率、赔付模型，以历史天气条件为输入对象，对仿真的天气指数保险赔付进行历史回溯，以检验天气指数保险仿真的赔付与实际损失基本一致，即基差风险可控。

（3）天气指数保险条款设计。保险公司依据确定的费率及天气指数–灾损模型，推算天气指数赔付的阈值（包括启赔点、最大赔付点、分段或整段的单位赔付额），进一步在天气指数保险产品雏形的基础上，设计保险条款。

（4）保险条款中保险责任、保险期限和赔偿处理中与气象相关的条款，可由气象部门把关。

（5）根据保险产品试点推行的有关情况，可依据信息、数据、知识的不断完善及技术手段的逐步提高，调整保险费率及气象因子值对应的理赔触发值，进而调整完善天气指数保险产品。

3.6 天气指数保险服务

天气指数保险产品在应用服务的过程中，需注意以下几个方面。一是天气指数农业保险产品的定价要符合历史情况。在定价过程中如果发现不合理的现象，应该重新审查产品设计过程。要基于历史产量数据和天气数据重新核算赔付额；要收集当地农作物历年的产量数据，整理之后研究其每年遭受损失的具体情况；最后根据气象观测站所得的历年气象数据重新核准保险赔付金额。二是由第三方农业气象与保险精算研究权威机构制定产品研发指引，评估产品的规范性，并积极开展天气指数保险产品设计和评估。三是推广天气指数保险产品，建议推广人员全面掌握产品，在产品适用的范围内进行推广。通过网站、APP等公共信息平台由气象部门提供包括天气指数跟踪、气象灾害监测预警评估及相关证明出具等气象服务。以上内容均应依据我国现行的法律法规，规范天气指数农业保险的各项章程及执行情况。

各 论

第4章　辽宁省新民市大棚西瓜天气指数保险产品研发指引

4.1　标的确定

辽宁省新民市是西瓜重点产区之一，素有"西瓜之乡"的美誉。新民市西瓜种植面积达1万多公顷，占全省种植面积的50%以上，单产达6.7万 kg/hm^2。近年来，为了延长西瓜上市时间，当地农户多采取双膜拱棚、温室育苗、大棚移栽等种植方法，使得西瓜在5月下旬至11月均有成熟，填补了我国北方10~11月西瓜供应市场的空白。温室大棚西瓜的产量、品质与天气条件关系密切。因此，选择辽宁省新民市温室大棚西瓜为标的。

4.2　资料与数据收集

（1）气象数据。新民气象站1995~2018年的日平均气温、最低气温、最高气温、降水量、平均风速及最大风速。

（2）生产资料。1995~2018年辽宁省新民市西瓜产量和种植面积，来源于《沈阳统计年鉴》。

（3）其他资料。西瓜产值、个别年份灾害性天气等，来源于新闻报道和灾害年鉴。

4.3　农业生产关联的气象风险识别与分析

4.3.1　气象灾害风险识别

通过文献查阅，可知低温冷害、高温、大风和阴雨寡照是造成辽宁设施农业气象灾害的主要原因。大棚西瓜的主要气象灾害风险有：①低温冷害。西瓜对霜冻极为敏感，低温冷害主要出现在3~4月。冷棚西瓜的种植一般在3月初至3月中旬。3月5日（惊蛰）前后往往是第一茬西瓜的栽植期，此时气温较低且不稳定，4月又极易出现"倒春寒"天气。所以3~4月是发生低温冷害的关键期。②高温。每年第三、第四茬大棚西瓜的果实膨大期正值高温季节（7~8月），当气温达到 35℃以上，大棚内温度可达 45℃以上，尽管采取通风、遮阳等措施，棚内气温仍会显著高于棚外。果实膨大时期，大棚西瓜遇高温会逼熟西瓜，导致产量、品质和商品性下降，从而造成经济损失。③大风。辽宁属温带季风气候，春、秋季常出现 6 级以上西南风，经济损失严重。2003 年 5 月 1 日，新民市风力均在 7 级以上，持续近 20h，且瞬时风力多次达到 11 级，拱棚西瓜遭灾面积达 1050hm²。④阴雨寡照。阴雨寡照天气会使大棚内形成低温高湿环境，加大了大棚西瓜的病害风险。西瓜生长期内，如连续出现 4~7 天的阴雨寡照天气，会对西瓜的产量与品质产生严重影响。

4.3.2 气象灾害风险分析

采用气象产量时间序列模拟方法，分离新民市西瓜单产的趋势产量和气象产量（1995~2018 年，共计 24 年）。分别运用 3 年滑动平均、5 年滑动平均、二次曲线、三次曲线等方法拟合西瓜趋势产量，进而分离出气象产量；以模拟产量与实际产量高度拟合为目标，筛选出 3 年滑动平均为最佳趋势产量模拟方法。1995~2018 年新民市西瓜单产的趋势分析表明（图 4.1），过去 24 年中有 14 年（大于总样本数的 50%）产量低于平均产量；从相对气象产量序列可以看出（图 4.2），相对气象产量低于平均值有 11 年（因气象灾害减产的年份），低于 1 个标准差的年份为 1997 年、1998 年、2001 年。初步判断这 3 年因气象灾害产量损失较大。

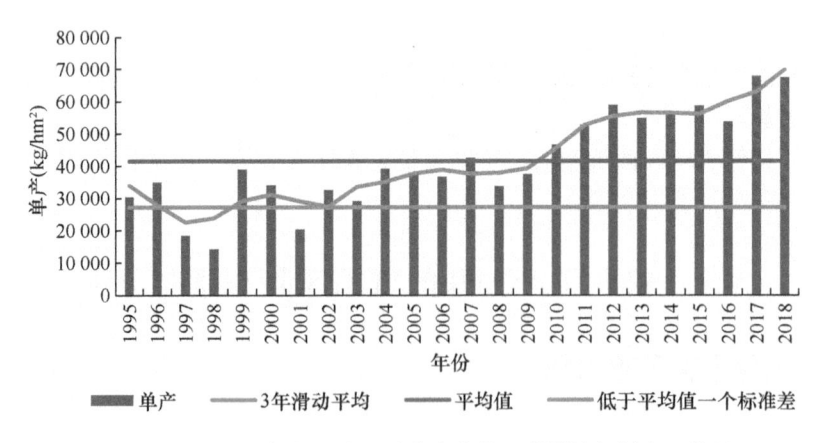

图 4.1　1995~2018 年新民市西瓜单产变化（彩图请扫封底二维码）

通过查阅相关文献及相关报道记录，查明上述减产较大年份发生灾害如下：①1997 年 7~8 月晴热少雨，持续高温，旱情发展迅猛；8 月台风"温妮"带来的暴雨和大风对新民地区生产造成损失。②1998 年发生了全国性历史上罕见的洪水，其中辽河流域发生大、小洪水 7 次。③2001 年，新民的旱灾、风雹、霜冻较

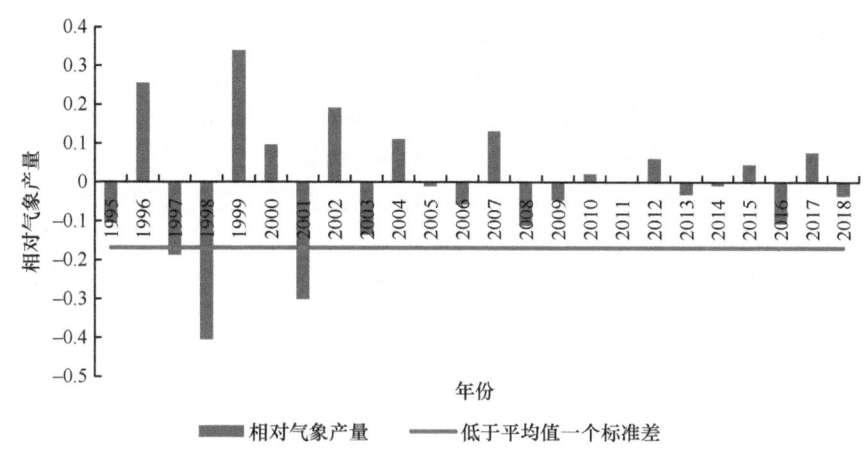

图 4.2 1995～2018 年新民市西瓜相对气象产量（彩图请扫封底二维码）

为严重。综合设施农业可能遇到的灾害与实际灾害记录，初步判定辽宁新民大棚西瓜在减产年份，可能遇到的气象灾害主要有高温、干旱、大风、暴雨、低温冷害等。

4.4　天气指数构建与模型建立

西瓜生育期较短（85～90 天），大棚西瓜一年可多茬栽培。目前，收集到的西瓜产量数据为新民市年总产，无各茬口或具体农场的产量数据，难以实现标的的茬口产量数据分离。依照县级市产量得到的因灾损失产量，对天气指数设计有综合参考价值，但不能精准支撑单一天气指数设计。基于以上原因，从致灾因子危险性和承灾体暴露性考虑，确定导致损失的灾害天气指数具有一定的可行性。据此，针对新民市西瓜低温冷害、大风、综合气象灾害分别研发了天气指数农业保险产品。

4.5　低温冷害指数保险产品研发

4.5.1　低温冷害指数构建

选取 3 月初至中旬栽种的第一茬西瓜作为研究对象，构建 3～5 月低温冷害指数。低温对西瓜授粉坐瓜和果实膨大期影响最大，当气温低于 15℃时对西瓜的生长和发育造成损害，且 15℃以下低温持续 5 天以上对西瓜产量影响显著。降温幅度越大对西瓜生长影响越大。

综合考虑西瓜生长发育对气温条件的要求，以及大棚种植增温保温功能，选取日最低气温为基本气象要素，构建低温冷害指数集。新民市第一茬大棚西瓜的开花坐果期为 5 月，筛选了 5 月极端日最低气温、5 月日最低气温最大降温幅度（第 i 天最低气温−第 i+1 天最低气温）和日最低气温低于 10℃的最大持续日数为致灾因子，构建大棚西瓜低温冷害指数（low temperature index，LTI）：

$$\text{LTI}= -6.006X_1+4.737X_2+2.503X_3 \quad (4\text{-}1)$$

式中，X_1 为 5 月极端日最低气温；X_2 为 5 月日最低气温最大降温幅度，X_3 为日最低气温低于 10℃的最大持续日数。

根据 1990~2019 年新民市日最低气温数据，计算新民市第一茬大棚西瓜的开花坐果期（5 月）低温冷害指数，如表 4.1 所示。

表 4.1 1990~2019 年新民市大棚西瓜低温冷害指数

年份	X_1	X_2	X_3	LTI
1990	0.62	0.47	0.8	0.52
1991	0.30	0.43	1.2	3.26
1992	0.38	0.55	0.6	1.84
1993	0.49	0.68	0.8	2.30
1994	0.45	0.68	1.0	3.04
1995	0.37	0.55	1.2	3.40
1996	0.58	0.96	2.0	6.07
1997	0.39	0.64	0.4	1.71
1998	0.66	0.67	0.2	−0.28
1999	0.15	0.64	0.6	3.66
2000	0.42	0.59	0.6	1.78
2001	0.57	0.46	1.0	1.26
2002	0.93	0.49	0.2	−2.78
2003	0.41	0.71	0.8	2.91
2004	0.60	0.86	0.4	1.45
2005	0.53	0.55	1.6	3.44
2006	0.66	0.55	0.6	0.16
2007	0.71	0.82	0.2	0.10
2008	0.64	0.72	0.6	1.09
2009	0.76	0.93	0.4	0.86
2010	0.38	0.67	1.4	4.40
2011	0.38	0.83	0.8	3.65
2012	0.57	0.76	0.6	1.69
2013	0.39	0.55	1.0	2.78
2014	0.25	0.91	1.8	7.31
2015	0.15	1.00	1.0	6.34
2016	0.54	0.86	1.0	3.31

续表

年份	X_1	X_2	X_3	LTI
2017	0.30	0.80	0.8	4.00
2018	0.36	0.82	0.6	3.20
2019	0.05	0.95	0.6	5.69

4.5.2 基于指数的低温冷害风险分析

依据大棚西瓜低温冷害指数（LTI）30 个样本确定其概率分布模型。选取具有代表性的正态分布、Logistic 分布和 3 参数 Weibull 分布 3 种模型，选择最优模型（图 4.3）。其中，$P>0.05$ 表明服从该分布，AD 值越小，拟合度越好。因此，选取 Logistic 分布为 LTI 最优概率分布。

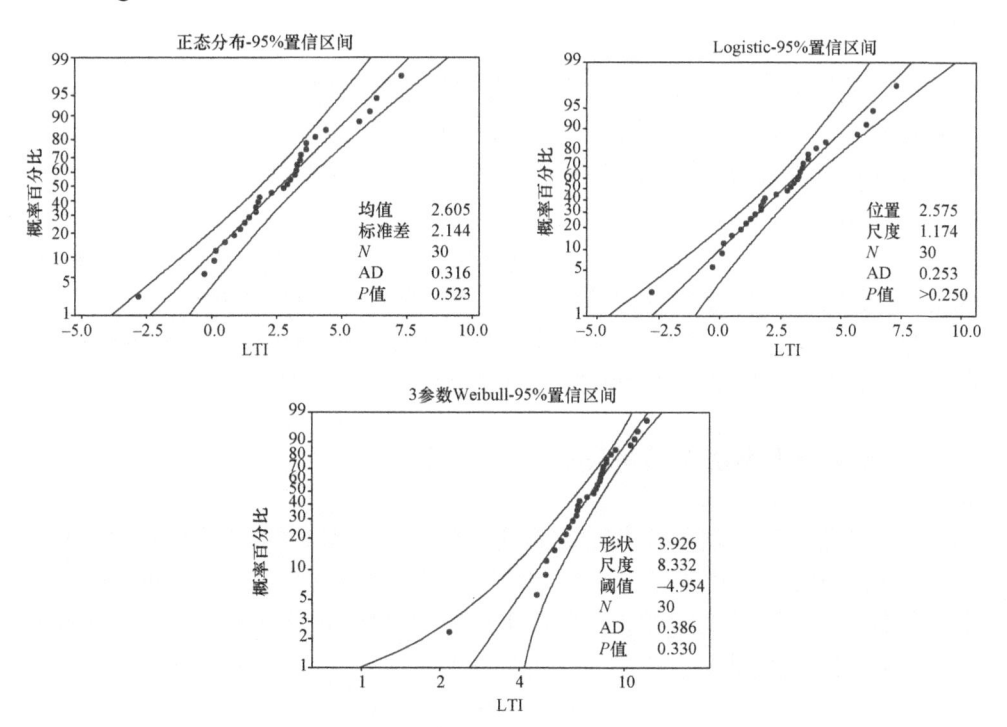

图 4.3　低温冷害指数概率分布图

Logistic 分布的概率密度函数为

$$f(x)=\frac{1}{\sigma}e^{-\frac{x-\mu}{\sigma}}\left(1+e^{-\frac{x-\mu}{\sigma}}\right)^{-2} \quad -\infty<\mu<+\infty;\ \sigma>0 \quad (4\text{-}2)$$

积累分布函数为

$$F(x)=P(X\leqslant x)=\left(1+e^{-\frac{x-\mu}{\sigma}}\right)^{-1} \quad -\infty<x<+\infty \quad (4\text{-}3)$$

式（4-2）和式（4-3）中，μ 为位置参数；σ 为尺度参数；$\mu=2.575$，$\sigma=1.174$。计算不同等级低温冷害发生概率如表 4.2 所示。

表 4.2 低温冷害发生概率

灾害等级	LTI	发生概率（%）	减产率（%）
轻度受害	4<LTI≤5.5	15.25	20
中度受害	5.5<LTI≤7	5.42	30
重度受害	7<LTI	2.26	40

4.5.3 低温冷害指数保险费率厘定与保费

将不同等级灾害发生的概率及对应减产率代入保险费率厘定公式，得到纯费率 $R=5.54\%$。假设，安全系数值定为 15%，营业费用系数定为 20%，利润率定为 5%，得到西瓜冷害指数保险的毛费率为 8.38%。指数保险的保费为保险费率与保险金额的乘积。计算公式为

$$I=Q\times R' \quad (4\text{-}4)$$

式中，I 为单位面积保费；Q 为单位面积保险金额；R' 为保险费率。

2019 年西瓜每亩收益金额为 3000 元，设定低温指数保险的保险金额为 3000 元/亩，则西瓜低温冷害指数保险的纯保费为 166.2 元/亩，实际保费为 251.4 元/亩。

4.5.4 低温冷害指数保险的赔付

根据确定的灾害指标，即当低温冷害指数（LTI）≤4 时，投保农户保险赔偿金为 0 元；当低温冷害指数（LTI）≥7 时，达到最大赔付，投保农户的保险赔偿金为 3000 元。每亩赔付金额计算如表 4.3 所示，赔付曲线见图 4.4，低温冷害指数与历史赔付回溯见图 4.5。

表 4.3 低温冷害指数及其赔付

灾害等级	LTI	赔付金额
	LTI≤4	0
轻度受害	4<LTI≤5.5	(LTI−4)×666.7
中度受害	5.5<LTI≤7	1000+(LTI−5.5)×1333.3
重度受害	7<LTI	3000

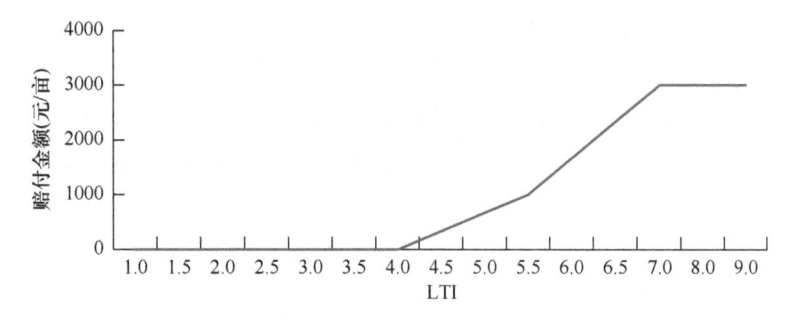

图 4.4　低温冷害指数与赔付金额

图 4.5　低温冷害指数与历史赔付回溯（彩图请扫封底二维码）

4.5.5　辽宁省新民市大棚西瓜低温冷害指数保险条款设计

总　　则

第一条　本保险合同由保险条款、投保单、保险单或其他保险凭证以及批单组成。凡涉及本保险合同的约定，均应采用书面形式。

第二条　本保险合同的被保险人必须为在辽宁省新民市从事西瓜种植的种植户或种植企业。

保险标的

第三条　本保险合同的保险标的为被保险人在保险单中载明的投保地理区域内 3 月 15 日前定植头茬的生长和管理正常的棚种西瓜。

保险责任

第四条 在保险期间内,当保险棚种西瓜所在投保地理区域内遭遇本保险条款约定的低温事件时,视为发生保险事故,保险人按照本保险合同的约定负责赔偿。

责任免除

第五条 下列原因造成的损失、费用,保险人不负责赔偿:

(一)战争、军事行动、恐怖行动、敌对行为、武装冲突、民间冲突、罢工、骚乱、暴动;

(二)行政行为或司法行为;

(三)他人的恶意破坏行为,或投保人及其家庭成员、被保险人及其家庭成员、投保人或被保险人雇用人员的故意或重大过失行为、管理不善;

(四)核辐射、核裂变、核聚变、核污染及其他放射性污染;

(五)种子、肥料、农药等存在质量问题或违反技术要求应用种子、肥料、农药等;

(六)未经当地农业技术部门许可,盲目引进新品种,采用不成熟的新技术或管理措施失误(含误用农药)。

第六条 下列损失、费用,保险人也不负责赔偿:

(一)因低温以外的原因导致保险西瓜的损失;

(二)未达到本保险合同约定的低温事件标准情况下的损失;

(三)被保险人的各种间接损失;

(四)根据本条款其他部分内容中的相关约定,保险人应不承担或免除保险责任的各种情形下的损失、费用或责任,或保险人有权予以扣除、减少的部分。

第七条 其他不属于本保险责任范围的损失、费用,保险人也不负责赔偿。

保险期间

第八条 本保险合同的保险期间为5月1日零时起至5月31日二十四时止,在保险单中载明。

保险金额

第九条 西瓜每亩保险金额参照2019年每亩收益金额3000元进行设定,投保人可根据保险西瓜的实际种植成本或市场价值选择投保份数,并在保险单中载明。

每亩保险金额最高不得超过 3000 元

保险金额（元）=每亩保险金额（元）×保险面积（亩）

保险面积以保险单载明为准。

保费

第十条　每亩保费为 251.4 元。

保费=保险金额×保险费率

保险费率 8.38%。

保险人义务

第十一条　订立本保险合同时，采用保险人提供的格式条款的，保险人向投保人提供的投保单应当附格式条款，保险人应向投保人说明本保险合同的条款内容。对保险合同中免除保险人责任的条款，保险人在订立保险合同时应当在投保单、保险单或者其他保险凭证上作出足以引起投保人注意的提示，并对该条款的内容以书面或者口头形式向投保人作出明确说明。未作提示或者明确说明的，该条款不产生效力。

第十二条　本保险合同成立后，保险人应当及时向投保人签发保险单或其他保险凭证。

第十三条　保险人依据本保险条款所取得的保险合同解除权，自保险人知道有解除事由之日起，超过三十日不行使而消灭。保险人在保险合同订立时已经知道投保人未如实告知的情况的，保险人不得解除保险合同；发生保险事故的，保险人应当承担赔偿责任。

第十四条　保险人按照本保险条款的约定，认为被保险人提供的有关索赔的证明和资料不完整的，应当及时一次性通知被保险人补充提供。

第十五条　保险人收到被保险人的赔偿请求后，应当及时就是否属于保险责任作出核定，并将核定结果通知被保险人。情形复杂的，保险人在收到被保险人的赔偿请求后三十日内未能核定保险责任的，保险人与被保险人根据实际情形商议合理期间，保险人在商定的期间内作出核定结果并通知被保险人。对属于保险责任的，在与被保险人达成有关赔偿金额的协议后十日内，履行赔偿义务。

保险人依照前款的约定作出核定后，对不属于保险责任的，应当自作出核定之日起三日内向被保险人发出拒绝赔偿保险金通知书，并说明理由。

投保人、被保险人义务

第十六条　投保人应履行如实告知义务，如实回答保险人就保险西瓜或被保险人的有关情况提出的询问，并如实填写投保单。

投保人故意或者因重大过失未履行前款规定的如实告知义务，足以影响保险人决定是否同意承保或者提高保险费率的，保险人有权解除保险合同。保险合同自保险人的解约通知书到达投保人或被保险人时解除。

投保人故意不履行如实告知义务的，保险人对于保险合同解除前发生的保险事故，不承担赔偿责任，并不退还保费。

投保人因重大过失未履行如实告知义务，对保险事故的发生有严重影响的，保险人对于保险合同解除前发生的保险事故，不承担赔偿责任，但应当退还保费。

第十七条　除另有约定外，投保人应在保险合同成立时交清保费。保费缴清前发生的保险事故，保险人不承担赔偿责任。

第十八条　保险西瓜转让的，被保险人或者受让人应当及时通知保险人。

第十九条　被保险人向保险人请求赔偿时，应向保险人提供下列证明和资料：

（一）保险单正本或保险凭证；

（二）索赔申请书。

被保险人未履行前款约定的义务，导致保险人无法核实损失情况的，保险人对无法核实的部分不承担赔偿责任。

第二十条　被保险人在请求赔偿时应当如实向保险人说明与受损保险西瓜有关的其他保险合同的情况。

赔付处理

第二十一条　保险事故发生时，被保险人对保险西瓜不具有保险利益的，不得向保险人请求赔偿保险金。

第二十二条　在保险单约定的投保地理区域内，保险西瓜发生保险责任范围内的损失，保险人按以下方式计算赔偿：

（一）投保人和保险人一致同意，投保地理区域内以本保险合同约定的新民市气象站（代码 54333）作为最佳气象站，并且以上述气象站观测的日最低温度作为确定低温事件的依据，其他任何气象站观测的气象数据不得作为认定相应事件的依据。

根据保险期间内的低温对应的赔偿标准来衡量其造成保险西瓜的损失是基于历史经验对实际损失的最佳估计，是双方都认可的合理、有效的损失计算方法。用该方法计算的损失和赔款，可能高于被保险人的实际损失，也可能低于被保险人的实际损失。投保人和保险人一致同意，无论实际损失如何，最终赔偿金额均根据本保险合同约定的低温事件对应的赔偿计算标准确定。

（二）赔偿计算公式如下：

保险西瓜发生保险责任范围内的损失，保险人根据保险单约定的国家级气象观测站点数据，参照表 4.4 分别计算各个指数对应的赔偿金额。

表 4.4 西瓜低温冷害指数赔偿标准

低温冷害指数（LTI）	赔偿标准（元/亩）
LTI≤4	0
4<LTI≤5.5	(LTI−4)×666.7
5.5<LTI≤7	1000+(LTI−5.5)×1333.3
7<LTI	3000

低温冷害指数（LTI）：$LTI = -6.006X_1 + 4.737X_2 + 2.503X_3$

式中，X_1——保险期间内，气象站点观测的最低气温；

X_2——保险期间内，气象站点观测的日最低气温最大降温幅度；

X_3——保险期间内，气象站点观测的日最低气温低于10℃的最大持续日数。

每次低温事件赔偿金额=每次低温事件对应的单位赔偿金额（元/亩）×保险面积（亩）

争议处理

第二十三条 因履行本保险合同发生的争议，由当事人协商解决。协商不成的，提交保险合同载明的仲裁机构仲裁；保险合同未载明仲裁机构或者争议发生后未达成仲裁协议的，依法向人民法院起诉。

第二十四条 与本保险合同有关的以及履行本保险合同产生的一切争议，适用中华人民共和国法律（不适合港澳台地区相关规定）。

其他事项

第二十五条 本保险合同自成立时起生效。

第二十六条 保险责任开始前，投保人要求解除保险合同的，保险人将已收取的保费退还投保人；保险责任开始后，投保人要求解除保险合同的，保险人对保险责任开始之日起至保险合同解除之日止期间的保费，按日比例计收，剩余部分退还投保人。

除另有约定外，保险人要求解除保险合同的，应提前十五日向投保人发出解约通知书，保险人按照保险责任开始之日起至保险合同解除之日止期间与保险期间的日比例计收保费，并退还剩余部分保费。

但在保险合同有效期内，投保人、保险人均不得因保险西瓜的受灾程度发生变化增加保费或者解除本保险合同。

第二十七条　保险西瓜发生全部损失，属于保险责任的，保险人在履行赔偿义务后，本保险合同终止；不属于保险责任的，本保险合同终止，保险人按日比例计收自保险责任开始之日起至损失发生之日止期间的保费，并退还剩余部分保费。

释　义

第二十八条　本保险合同涉及下列术语时，适用下列释义：

（一）低温事件：在保险期间内，当保险合同约定气象站观测到的日最低气温低于10℃；

（二）日最低气温最大降温幅度：保险期间内，气象站点观测的日最低气温之差；

（三）日最低气温低于10℃持续时间：保险期间内，气象站点观测的日最低气温低于10℃的最大持续日数。

4.6　大风指数保险产品研发

4.6.1　大风指数构建

大风是农业设施受灾的气象指标。8级风是设施农业致灾的风速指标，9级风则可能导致棚架、后墙坍塌，发生严重灾害。瞬时风速一般比10min平均最大风速偏大约2级。

风灾主要发生于每年4～8月。因此，选取4～8月10min最大风速达6级（≥10.8m/s）总天数作为西瓜大风指数（WI）。计算得到的WI见表4.5。

表 4.5　1990～2019 年新民市大风指数

年份	6 级（10.8～13.8m/s）大风天数	7 级（13.9～17.18m/s）大风天数	8 级（17.2～20.7m/s）大风天数	WI
1990	8	2	0	10
1991	7	1	0	8
1992	7	0	0	7
1993	5	0	0	5
1994	5	0	0	5
1995	4	3	0	7
1996	3	0	0	3
1997	5	0	0	5
1998	9	1	0	10
1999	12	0	0	12
2000	7	4	0	11
2001	10	1	0	11
2002	12	3	0	15
2003	9	4	1	14
2004	2	0	0	2
2005	1	0	0	1
2006	0	0	0	0
2007	0	0	0	0
2008	10	0	0	10
2009	5	1	0	6
2010	5	1	0	6
2011	3	0	0	3
2012	3	0	0	3
2013	2	0	0	2
2014	1	0	0	1
2015	2	0	0	2
2016	3	0	0	3
2017	12	1	0	13
2018	0	0	0	0
2019	0	0	0	0

4.6.2　基于指数的大风风险分析

依据大棚西瓜的大风指数（wind index，WI）30 个样本，利用统计软件确定最优概率分布模型。选取具有代表性的 3 种模型：正态分布、Logistic 分布和 3

参数 Weibull 分布模型，概率分布如图 4.6 所示。

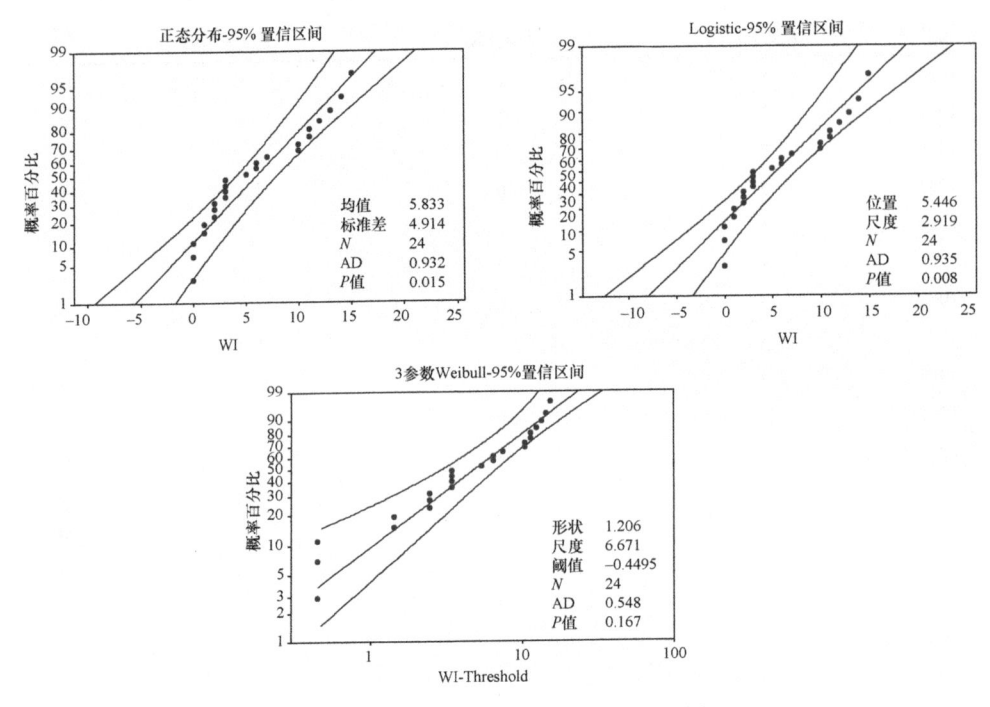

图 4.6　西瓜大风指数（WI）概率分布图

当概率分布的统计检验 P>0.05，表明 30 个样本服从该分布，AD 值越小对数据拟合度越好。因此，选取 3 参数 Weibull 分布作为大棚西瓜的大风指数最优概率分布。3 参数 Weibull 分布的概率密度函数具体表现为

$$f(x)=\frac{\beta}{\alpha}\left(\frac{x-\mu}{\alpha}\right)^{(\beta-1)}\exp\left[-\left(\frac{x-\mu}{\alpha}\right)^{\beta}\right] \quad x\geqslant\mu;\ \alpha,\ \beta>0 \quad (4-5)$$

积累分布函数为

$$F(x)=P(X\leqslant x)=1-\exp\left[-\left(\frac{x-\mu}{\alpha}\right)^{\beta}\right] \quad x\geqslant\mu;\ \alpha,\ \beta>0 \quad (4-6)$$

式（4-5）和式（4-6），x 为随机变量；α 为尺度参数；β 为形状参数；μ 为位置参数。α=6.667，β=1.25，μ=−0.4089。不同等级大风灾害发生概率如表 4.6 所示。

表 4.6　大风灾害发生概率

灾害等级	WI	发生概率（%）	减产率（%）
轻度受害	10≤WI<14	10.18	10
中度受害	14≤WI<18	4.43	40
重度受害	18≤WI	2.75	70

4.6.3 大风指数保险费率厘定与保费

将不同等级灾害发生的概率及对应减产率代入保险费率公式，求得大风指数的纯费率 R=4.72%。假设，安全系数定为15%，营业费用系数定为20%，利润率定为5%，得到大棚西瓜的大风指数保险毛费率为7.14%。

指数保险的保费为保险费率与保险金额的乘积。计算公式为

$$I=Q\times R' \qquad (4-7)$$

式中，I 为单位面积保费；Q 为单位面积保险金额；R' 为保险费率。2019年西瓜每亩收益金额为3000元，设定大棚西瓜的大风指数保险金额为3000元/亩，则大棚西瓜大风指数保险的纯保费为141.6元/亩，实际保费为214.2元/亩。

4.6.4 大风指数保险的赔付

根据研究确定大风灾害指标，当大风指数 WI≥10 时，达到启赔点。即当大风指数（WI）<10 时，投保农户的保险赔偿金为0；当大风指数（WI）≥18 时，达风灾的最大赔付，投保农户的保险赔偿金为3000元。确定每亩赔付金额计算公式如表4.7、图4.7和图4.8所示。

表 4.7　大风指数及其赔付

灾害等级	WI	赔付金额
未受害	WI<10	0
轻度受害	10≤WI<14	（WI-10）×250
中度受害	14≤WI<18	1000+（WI-14）×500
重度受害	18≤WI	3000

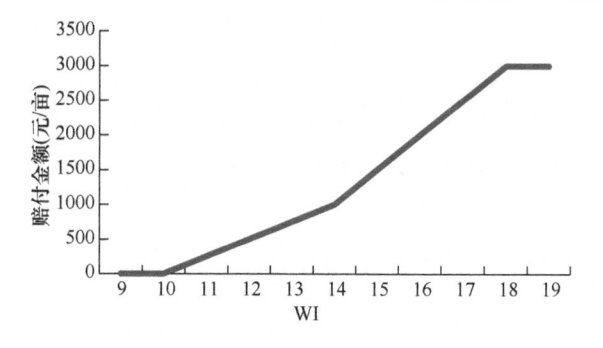

图 4.7　大风指数与赔付金额

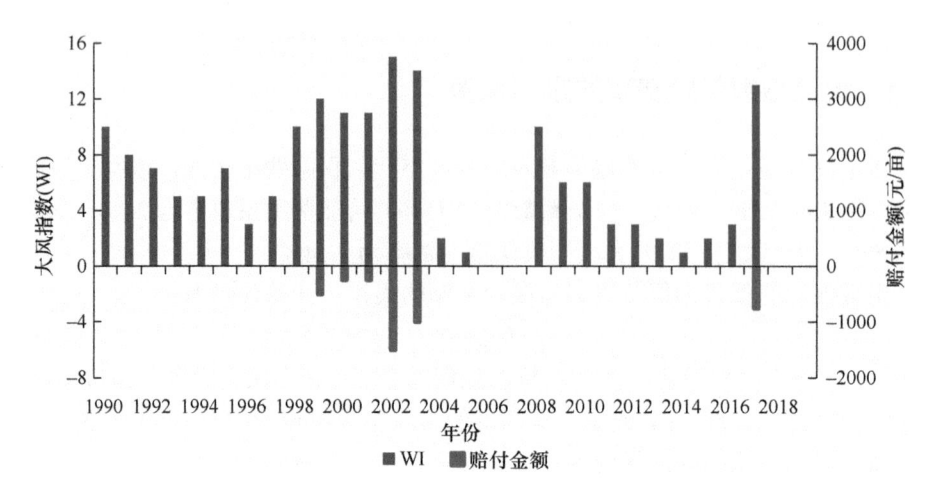

图 4.8　大风指数与历史赔付回溯（彩图请扫封底二维码）

4.6.5　辽宁省新民市大棚西瓜大风指数保险条款设计

总　　则

第一条　本保险合同由保险条款、投保单、保险单或其他保险凭证以及批单组成。凡涉及本保险合同的约定，均应采用书面形式。

第二条　本保险合同的被保险人必须为在辽宁省新民市从事西瓜种植的种植户或种植企业。

保险标的

第三条　本保险合同的保险标的为被保险人在保险单中载明的投保地理区域内定植头茬的生长和管理正常的棚种西瓜。

保险责任

第四条　在保险期间内，当保险棚种西瓜所在投保地理区域内遭遇本保险条款约定的大风事件时，视为发生保险事故，保险人按照本保险合同的约定负责赔偿。

责任免除

第五条　下列原因造成的损失、费用，保险人不负责赔偿：

（一）战争、军事行动、恐怖行动、敌对行为、武装冲突、民间冲突、罢工、骚乱、暴动；

（二）行政行为或司法行为；

（三）他人的恶意破坏行为，或投保人及其家庭成员、被保险人及其家庭成员、投保人或被保险人雇用人员的故意或重大过失行为、管理不善；

（四）核辐射、核裂变、核聚变、核污染及其他放射性污染；

（五）种子、肥料、农药等存在质量问题或违反技术要求应用种子、肥料、农药等；

（六）未经当地农业技术部门许可，盲目引进新品种，采用不成熟的新技术或管理措施失误（含误用农药）。

第六条 下列损失、费用，保险人也不负责赔偿：

（一）因大风以外的原因导致保险西瓜的损失；

（二）未达到本保险合同约定的大风事件标准情况下的损失；

（三）被保险人的各种间接损失；

（四）根据本条款其他部分内容中的相关约定，保险人应不承担或免除保险责任的各种情形下的损失、费用或责任，或保险人有权予以扣除、减少的部分。

第七条 其他不属于本保险责任范围的损失、费用，保险人也不负责赔偿。

保险期间

第八条 本保险合同的保险期间为4月1日零时起至8月31日二十四时止，在保险单中载明。

保险金额

第九条 大棚西瓜每亩保险金额参照2019年每亩收益金额3000元进行设定，投保人可根据保险西瓜的实际种植成本或市场价值选择投保份数，并在保险单中载明。

保险金额（元）=每亩保险金额（元）×保险面积（亩）

保险面积以保险单载明为准。

保 费

第十条 每亩保费为214.2元。

保费=保险金额×保险费率

保险费率7.14%。

保险人义务

第十一条 订立本保险合同时，采用保险人提供的格式条款的，保险人向投保人提供的投保单应当附格式条款，保险人应向投保人说明本保险合同的条款内容。对保险合同中免除保险人责任的条款，保险人在订立保险合同时应当在投保单、保险单或者其他保险凭证上作出足以引起投保人注意的提示，并对该条款的内容以书面或者口头形式向投保人作出明确说明。未作提示或者明确说明的，该条款不产生效力。

第十二条 本保险合同成立后，保险人应当及时向投保人签发保险单或其他保险凭证。

第十三条 保险人依据本保险条款所取得的保险合同解除权，自保险人知道有解除事由之日起，超过三十日不行使而消灭。保险人在保险合同订立时已经知道投保人未如实告知的情况的，保险人不得解除保险合同；发生保险事故的，保险人应当承担赔偿责任。

第十四条 保险人按照本保险条款的约定，认为被保险人提供的有关索赔的证明和资料不完整的，应当及时一次性通知被保险人补充提供。

第十五条 保险人收到被保险人的赔偿请求后，应当及时就是否属于保险责任作出核定，并将核定结果通知被保险人。情形复杂的，保险人在收到被保险人的赔偿请求后三十日内未能核定保险责任的，保险人与被保险人根据实际情形商议合理期间，保险人在商定的期间内作出核定结果并通知被保险人。对属于保险责任的，在与被保险人达成有关赔偿金额的协议后十日内，履行赔偿义务。

保险人依照前款的约定作出核定后，对不属于保险责任的，应当自作出核定之日起三日内向被保险人发出拒绝赔偿保险金通知书，并说明理由。

投保人、被保险人义务

第十六条 投保人应履行如实告知义务，如实回答保险人就保险大棚西瓜或被保险人的有关情况提出的询问，并如实填写投保单。

投保人故意或者因重大过失未履行前款规定的如实告知义务，足以影响保险人决定是否同意承保或者提高保险费率的，保险人有权解除保险合同。保险合同自保险人的解约通知书到达投保人或被保险人时解除。

投保人故意不履行如实告知义务的，保险人对于保险合同解除前发生的保险事故，不承担赔偿责任，并不退还保费。

第4章 辽宁省新民市大棚西瓜天气指数保险产品研发指引 | 45

投保人因重大过失未履行如实告知义务，对保险事故的发生有严重影响的，保险人对于保险合同解除前发生的保险事故，不承担赔偿责任，但应当退还保费。

第十七条 除另有约定外，投保人应在保险合同成立时交清保费。保费缴清前发生的保险事故，保险人不承担赔偿责任。

第十八条 保险西瓜转让的，被保险人或者受让人应当及时通知保险人。

第十九条 被保险人向保险人请求赔偿时，应向保险人提供下列证明和资料：

（一）保险单正本或保险凭证；

（二）索赔申请书。

被保险人未履行前款约定的义务，导致保险人无法核实损失情况的，保险人对无法核实的部分不承担赔偿责任。

第二十条 被保险人在请求赔偿时应当如实向保险人说明与受损保险西瓜有关的其他保险合同的情况。

赔付处理

第二十一条 保险事故发生时，被保险人对保险西瓜不具有保险利益的，不得向保险人请求赔偿保险金。

第二十二条 在保险单约定的投保地理区域内，保险西瓜发生保险责任范围内的损失，保险人按以下方式计算赔偿：

（一）投保人和保险人一致同意，投保地理区域内以本保险合同约定的新民市气象站（代码54333）作为最佳气象站，并且以上述气象站观测的日平均风速发生的天数作为确定为一次事件的依据，其他任何气象站观测的气象数据不得作为认定相应事件的依据。

根据保险期间内的大风对应的赔偿标准来衡量其造成保险西瓜的损失是基于历史经验对实际损失的最佳估计，是双方都认可的合理、有效的损失计算方法。用该方法计算的损失和赔款，可能高于被保险人的实际损失，也可能低于被保险人的实际损失。投保人和保险人一致同意，无论实际损失如何，最终赔偿金额均根据本保险合同约定的大风事件对应的赔偿计算标准确定。

（二）赔偿计算公式如下：

保险西瓜发生保险责任范围内的损失，保险人根据保险单约定的国家级气象观测站点数据，参照表4.7分别计算各个指数对应的赔偿金额。

大风指数（WI）：4~8月气象站10m高度观测的10min最大风速达到6级（≥10.8m/s）的总天数。

每次大风事件赔偿金额（元）=每次大风事件对应的单位赔偿金额（元/亩）×保险面积（亩）

争议处理

第二十三条　因履行本保险合同发生的争议，由当事人协商解决。协商不成的，提交保险合同载明的仲裁机构仲裁；保险合同未载明仲裁机构或者争议发生后未达成仲裁协议的，依法向人民法院起诉。

第二十四条　与本保险合同有关的以及履行本保险合同产生的一切争议，适用中华人民共和国法律（不适合港澳台地区相关规定）。

其他事项

第二十五条　本保险合同自成立时起生效。

第二十六条　保险责任开始前，投保人要求解除保险合同的，保险人将已收取的保费退还投保人；保险责任开始后，投保人要求解除保险合同的，保险人对保险责任开始之日起至保险合同解除之日止期间的保费，按日比例计收，剩余部分退还投保人。

除另有约定外，保险人要求解除保险合同的，应提前十五日向投保人发出解约通知书，保险人按照保险责任开始之日起至保险合同解除之日止期间与保险期间的日比例计收保费，并退还剩余部分保费。

但在保险合同有效期内，投保人、保险人均不得因保险西瓜的受灾程度发生变化增加保费或者解除本保险合同。

第二十七条　保险西瓜发生全部损失，属于保险责任的，保险人在履行赔偿义务后，本保险合同终止；不属于保险责任的，本保险合同终止，保险人按日比例计收自保险责任开始之日起至损失发生之日止期间的保费，并退还剩余部分保费。

释　　义

第二十八条　本保险合同涉及下列术语时，适用下列释义：

大风事件：在保险期间内，当保险合同约定气象站观测到的4~8月气象站10m高度观测的10min最大风速达到6级（≥10.8m/s）的总天数。

4.7 综合气象灾害指数保险产品研发

4.7.1 综合气象灾害指数构建

大棚西瓜在生育期间，受到多种气象灾害影响，因此，选取 3~4 月最低气温作为西瓜低温冷害指数（LTI）；7~8 月日平均气温>25℃且持续 3 天及以上次数作为西瓜高温指数（HTI）；3~10 月 10m 高度观测的最大风速达到 6 级以上（>10.8m/s）的总天数作为西瓜大风指数（WI）；3~10 月连续 4 天日照少于 3h 的次数作为西瓜寡照指数（light index，LI），构建新民市大棚西瓜综合气象灾害指数。

通过对新民市西瓜单产与天气指数分析，综合气象灾害指数与西瓜减产率的回归方程为

$$X=32.027+2.495\text{LTI}+1.005\text{HTI}+0.115\text{WI}-0.476\text{LI} \tag{4-8}$$

式中，X 为大棚西瓜的减产率。

4.7.2 综合气象灾害指数赔付阈值的确定

通过综合气象灾害指数与历史大棚西瓜的产量损失率对比（表 4.8），最小化基差风险，确保 1995~2018 年历年保险赔付与产量损失年份尽可能一致。确定天气指数保险赔付的触发值与触发值对应的减产率（表 4.9）如下所述。

表 4.8 1995~2018 年新民市西瓜实际损失和综合气象灾害天气指数

年份	实际产量损失 X（%）	低温冷害指数（LTI）	高温指数（HTI）	大风指数（WI）	寡照指数（LI）
1995	10.49	−10.4	0	8	1
1996	0	−8.9	1	8	0
1997	18.67	−9.4	5	6	0
1998	40.42	−7.3	3	16	0
1999	0	−15.1	5	21	0
2000	0	−9.5	4	19	0
2001	30.04	−12.4	5	17	0
2002	0	−10.6	3	23	0
2003	13.40	−9.8	1	15	1
2004	0	−13	2	3	0
2005	1.03	−14.2	3	2	2
2006	5.67	−12.5	4	0	2
2007	0	−14.9	3	2	1
2008	11.10	−8.9	2	13	2

续表

年份	实际产量损失 X（%）	低温冷害指数（LTI）	高温指数（HTI）	大风指数（WI）	寡照指数（LI）
2009	4.55	−12.9	1	7	1
2010	0	−14.6	1	11	2
2011	0	−13.1	1	4	2
2012	0	−14.1	4	4	1
2013	3.15	−11.4	4	7	0
2014	0.78	−10.6	2	1	2
2015	0	−13.4	5	3	2
2016	10.58	−11.4	3	3	0
2017	0	−11.2	5	13	1
2018	3.45	−15.9	0	0	1

表 4.9　各天气指数单独启动赔付的减产率

	LTI	HTI	WI	LI
触发值	−8	5	10	2
单独启动赔付的减产率（%）	12.07	37.05	33.18	31.08

（1）低温冷害指数（LTI）触发值为−8，当3~4月最低气温≤−8℃时，启动赔付；

（2）高温指数（HTI）触发值为5，当7~8月日平均气温>25℃持续3天及以上次数≥5次时，启动赔付；

（3）大风指数（WI）触发值为10，当3~10月10m高度观测的10min最大风速达到6~8级总天数≥10天时，启动赔付；

（4）寡照指数（LI）触发值为2，当3~10月连续4天日照少于3h次数≥2次时，启动赔付。

设置综合气象灾害指数减产率达到8%启动赔付，则1995~2018年历年减产率和赔付率计算结果如图4.9所示。

1995~2018年，历史气象灾害指数减产率最大值约为34%，确定西瓜受灾的等级指标：重度受害（25%<X≤34%）、中度受害（17%<X≤25%）、轻度受害（8%<X≤17%），灾害指标与减产率的关系如表4.10所示。

表 4.10　灾害指标与减产率关系

灾害等级	气象灾害指数减产率
轻度受害	8%<X≤17%
中度受害	17%<X≤25%
重度受害	25%<X≤34%

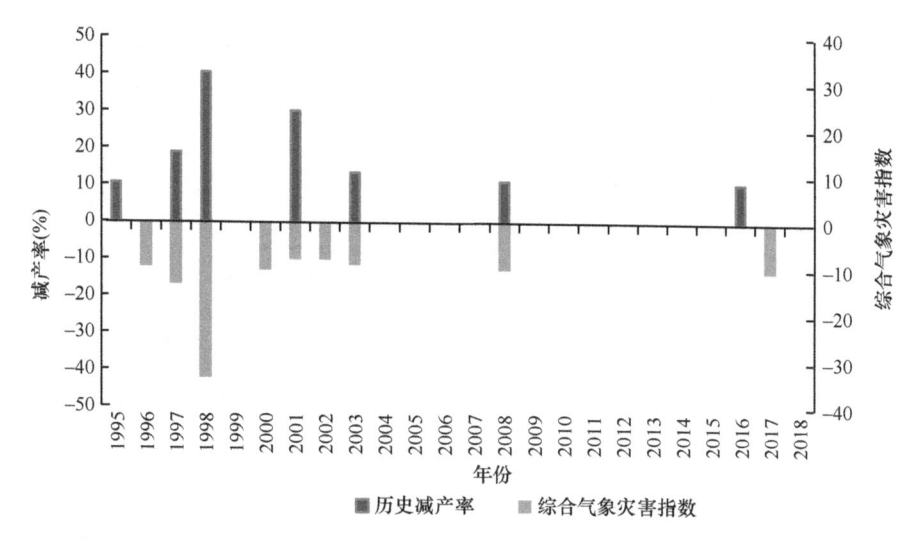

图 4.9　历年减产率与综合气象灾害指数赔付对比（彩图请扫封底二维码）

4.7.3　新民市西瓜单产概率分布模型

利用单产分布模型法进行保险费率厘定，为了更好地评估农业气象灾害对大棚西瓜的损害，需选取最优单产概率分布模型。本节选取比较具有代表性的 4 种模型：正态分布、对数正态分布、Gamma 分布和 3 参数 Weibull 分布模型，用 A-D 检验选择最优模型。A-D 检验是一种基于经验累积分布函数（empirical cumulative distribution function，ECDF）的算法，特别适用于小样本（当然也适用于大样本）。A-D 检验只适合对特定的连续分布如正态分布、对数正态分布、偏正态分布、Gamma 分布、Weibull 分布、Logistic 分布等进行检验。其检验结果较为精确，可信度高，一般 AD 值越小，对数据拟合度越好。通过对单产序列进行运算，4 种分布的 AD 值如图 4.10 所示。

由图 4.10 可知，新民市大棚西瓜单产序列用 3 参数 Weibull 分布进行拟合的 AD 值最小，因此 3 参数 Weibull 分布是新民市西瓜单产的最优分布模型。3 参数 Weibull 分布的概率密度函数为

$$f(x)=\frac{\beta}{\alpha}\left(\frac{x-\mu}{\alpha}\right)^{(\beta-1)}\exp\left[-\left(\frac{x-\mu}{\alpha}\right)^{\beta}\right] \quad x \geqslant \mu;\ \alpha,\ \beta>0 \quad (4-9)$$

积累分布函数为

$$F(x)=P(X\leqslant x)=1-\exp\left[-\left(\frac{x-\mu}{\alpha}\right)^{\beta}\right] \quad x \geqslant \mu;\ \alpha,\ \beta>0 \quad (4-10)$$

式中，x 为随机变量；α 为尺度参数；β 为形状参数；μ 为位置参数。

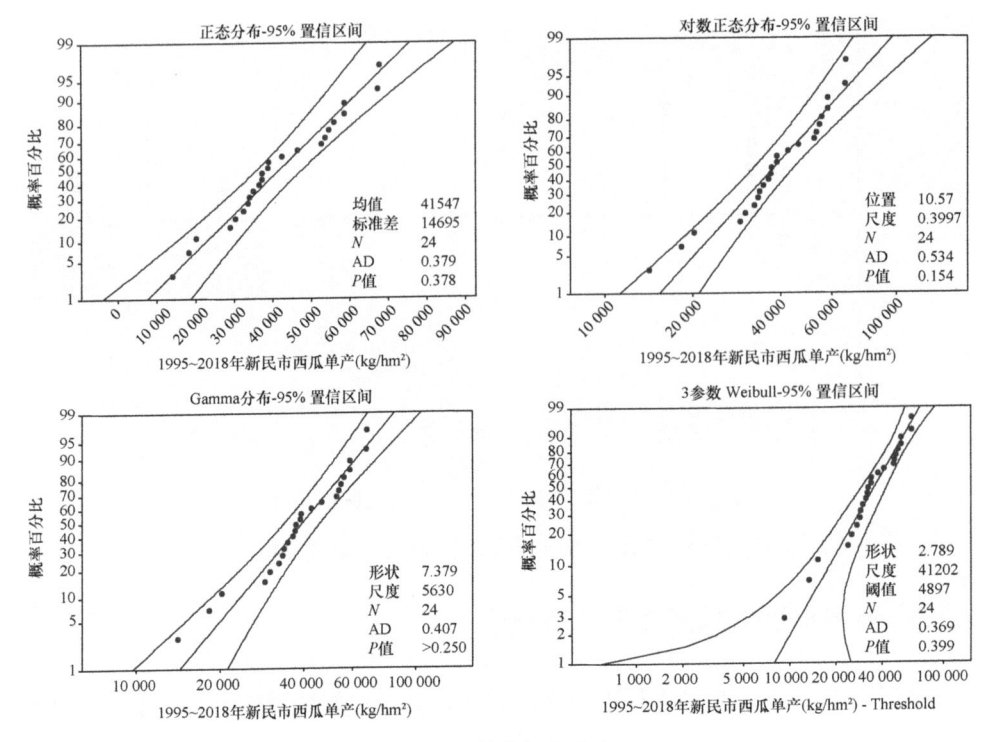

图 4.10 单产概率分布

4.7.4 综合气象灾害指数保险费率厘定与保费

根据构建的综合气象灾害指数序列，利用 Weibull 分布得到达到赔偿标准的概率。以历史气象灾害指数减产率，设定 Weibull 分布参数 $\alpha=14.33$，$\beta=1.572$，$\mu=-8.265$，计算灾害发生概率如表 4.11 所示。

表 4.11 综合气象灾害指数发生概率

灾害等级	综合气象灾害指数减产率（%）	发生概率（%）
轻度受害	$8<x\leq17$	20.78
中度受害	$17<x\leq25$	6.40
重度受害	$25<x\leq34$	2.18

将不同灾害发生的概率及对应减产率代入公式，求得纯费率 R=4.42%。假设安全系数值定为 15%，营业费用系数定为 20%，利润率定为 5%，得到西瓜综合气象灾害指数保险的毛费率为 6.69%。

大棚西瓜综合气象灾害指数保费为保险费率与保险金额的乘积。计算公式为

$$I=Q\times R' \tag{4-11}$$

式中，I 为单位面积保费；Q 为单位面积保险金额；R' 为保险费率。2019 年西瓜每亩收益金额为 3000 元，设定综合气象灾害指数保险的保险金额为 3000 元/亩，则西瓜综合气象灾害保险的纯保费为 132.6 元/亩，实际保费为 200.7 元/亩。

4.7.5 综合气象灾害指数保险的赔付

根据确定的大棚西瓜综合气象灾害指标，当天气指数减产率达到 8%时开始赔付，即当天气指数减产率≤8%时，投保农户的保险赔偿金为 0。历史天气指数减产率 x 最高为 34%，因此天气指数减产率 x 增加 1%，赔付额增加 115.38 元，最高赔偿 3000 元。每亩赔付金额计算公式如下：

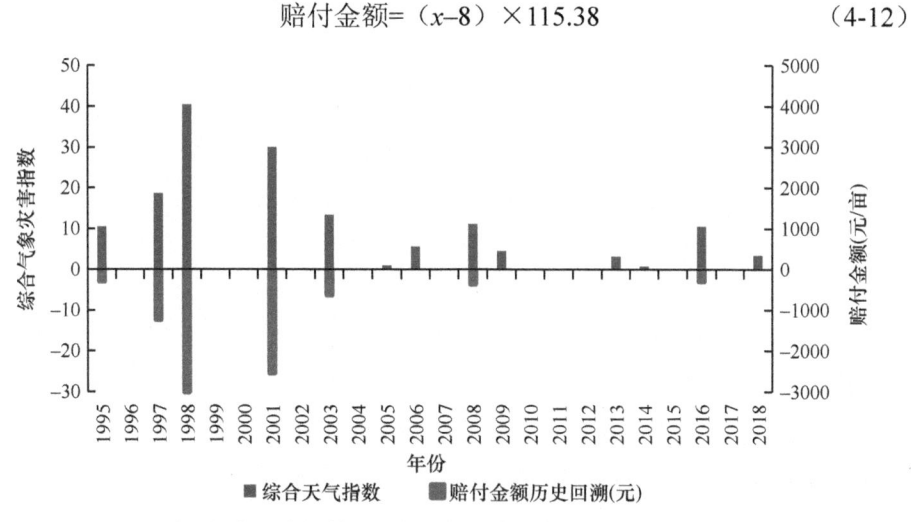

$$赔付金额=(x-8)\times 115.38 \tag{4-12}$$

图 4.11　综合气象灾害指数与指数赔付历史回溯（彩图请扫封底二维码）

4.7.6　辽宁省新民市大棚西瓜综合气象灾害指数保险条款设计

总　　则

第一条　本保险合同由保险条款、投保单、保险单或其他保险凭证以及批单组成。凡涉及本保险合同的约定，均应采用书面形式。

第二条　本保险合同的被保险人必须为在辽宁省新民市从事西瓜种植的种植户或种植企业。

保险标的

第三条　本保险合同的保险标的为被保险人在保险单中载明的投保地理区域内定植的生长和管理正常的棚种西瓜。

保险责任

第四条 在保险期间内,当保险棚种西瓜所在投保地理区域内遭遇本保险条款约定的综合气象灾害事件时,视为发生保险事故,保险人按照本保险合同的约定负责赔偿。

责任免除

第五条 下列原因造成的损失、费用,保险人不负责赔偿:

(一)战争、军事行动、恐怖行动、敌对行为、武装冲突、民间冲突、罢工、骚乱、暴动;

(二)行政行为或司法行为;

(三)他人的恶意破坏行为,或投保人及其家庭成员、被保险人及其家庭成员、投保人或被保险人雇用人员的故意或重大过失行为、管理不善;

(四)核辐射、核裂变、核聚变、核污染及其他放射性污染;

(五)种子、肥料、农药等存在质量问题或违反技术要求应用种子、肥料、农药等;

(六)未经当地农业技术部门许可,盲目引进新品种,采用不成熟的新技术或管理措施失误(含误用农药)。

第六条 下列损失、费用,保险人也不负责赔偿:

(一)因本合同设置以外的原因导致保险西瓜的损失;

(二)未达到本保险合同约定的气象灾害事件标准情况下的损失;

(三)被保险人的各种间接损失;

(四)根据本条款其他部分内容中的相关约定,保险人应不承担或免除保险责任的各种情形下的损失、费用或责任,或保险人有权予以扣除、减少的部分。

第七条 其他不属于本保险责任范围的损失、费用,保险人也不负责赔偿。

保险期间

第八条 本保险合同的保险期间为3月1日零时起至11月15日二十四时止,在保险单中载明。

保险金额

第九条 大棚西瓜每亩保险金额参照2019年每亩收益金额3000元进行设定,

投保人可根据保险西瓜的实际种植成本或市场价值选择投保份数，并在保险单中载明。

保险金额（元）=每亩保险金额（元）×保险面积（亩）

保险面积以保险单载明为准。

保　　费

第十条　每亩保费为 200.7 元。

保费=保险金额×保险费率

保险费率 6.69%。

保险人义务

第十一条　订立本保险合同时，采用保险人提供的格式条款的，保险人向投保人提供的投保单应当附格式条款，保险人应向投保人说明本保险合同的条款内容。对保险合同中免除保险人责任的条款，保险人在订立保险合同时应当在投保单、保险单或者其他保险凭证上作出足以引起投保人注意的提示，并对该条款的内容以书面或者口头形式向投保人作出明确说明。未作提示或者明确说明的，该条款不产生效力。

第十二条　本保险合同成立后，保险人应当及时向投保人签发保险单或其他保险凭证。

第十三条　保险人依据本保险条款所取得的保险合同解除权，自保险人知道有解除事由之日起，超过三十日不行使而消灭。保险人在保险合同订立时已经知道投保人未如实告知的情况的，保险人不得解除保险合同；发生保险事故的，保险人应当承担赔偿责任。

第十四条　保险人按照本保险条款的约定，认为被保险人提供的有关索赔的证明和资料不完整的，应当及时一次性通知被保险人补充提供。

第十五条　保险人收到被保险人的赔偿请求后，应当及时就是否属于保险责任作出核定，并将核定结果通知被保险人。情形复杂的，保险人在收到被保险人的赔偿请求后三十日内未能核定保险责任的，保险人与被保险人根据实际情形商议合理期间，保险人在商定的期间内作出核定结果并通知被保险人。对属于保险责任的，在与被保险人达成有关赔偿金额的协议后十日内，履行赔偿义务。

保险人依照前款的约定作出核定后，对不属于保险责任的，应当自作出核定之日起三日内向被保险人发出拒绝赔偿保险金通知书，并说明理由。

投保人、被保险人义务

第十六条　投保人应履行如实告知义务，如实回答保险人就保险大棚西瓜或被保险人的有关情况提出的询问，并如实填写投保单。

投保人故意或者因重大过失未履行前款规定的如实告知义务，足以影响保险人决定是否同意承保或者提高保险费率的，保险人有权解除保险合同。保险合同自保险人的解约通知书到达投保人或被保险人时解除。

投保人故意不履行如实告知义务的，保险人对于保险合同解除前发生的保险事故，不承担赔偿责任，并不退还保费。

投保人因重大过失未履行如实告知义务，对保险事故的发生有严重影响的，保险人对于保险合同解除前发生的保险事故，不承担赔偿责任，但应当退还保费。

第十七条　除另有约定外，投保人应在保险合同成立时交清保费。保费缴清前发生的保险事故，保险人不承担赔偿责任。

第十八条　保险西瓜转让的，被保险人或者受让人应当及时通知保险人。

第十九条　被保险人向保险人请求赔偿时，应向保险人提供下列证明和资料：

（一）保险单正本或保险凭证；

（二）索赔申请书。

被保险人未履行前款约定的义务，导致保险人无法核实损失情况的，保险人对无法核实的部分不承担赔偿责任。

第二十条　被保险人在请求赔偿时应当如实向保险人说明与受损保险西瓜有关的其他保险合同的情况。

赔付处理

第二十一条　保险事故发生时，被保险人对保险西瓜不具有保险利益的，不得向保险人请求赔偿保险金。

第二十二条　在保险单约定的投保地理区域内，保险西瓜发生保险责任范围内的损失，保险人按以下方式计算赔偿：

（一）投保人和保险人一致同意，投保地理区域内以本保险合同约定的新民市气象站（代码54333）作为最佳气象站，并且以上述气象站观测的气象数据作为确定为灾害事故的依据，其他任何气象站观测的气象数据不得作为认定相应事件的依据。

根据保险期间内的综合气象灾害对应的赔偿标准来衡量其造成保险西瓜的损失是基于历史经验对实际损失的最佳估计,是双方都认可的合理、有效的损失计算方法。用该方法计算的损失和赔款,可能高于被保险人的实际损失,也可能低于被保险人的实际损失。投保人和保险人一致同意,无论实际损失如何,最终赔偿金额均根据本保险合同约定的综合气象灾害事件对应的赔偿计算标准确定。

(二)赔偿计算公式如下:

保险西瓜发生保险责任范围内的损失,保险人根据保险单约定的国家级气象观测站点数据,赔付方式如下。

综合气象灾害指数减产率(x)满足下式,

$$x=32.027+2.495LTI+1.005HTI+0.115WI-0.476LI$$

当 $x>8$ 时,启动赔付。其中,①低温冷害指数(LTI)触发值为-8,即3~4月最低气温≤-8℃;②高温指数(HTI)触发值为5,7~8月日平均气温>25℃持续3天及以上次数≥5;③大风指数(WI)触发值为10,3~10月气象站10m高度观测的日10min最大风速达到6~8级总天数≥10;④寡照指数(LI)触发值为2,3~10月连续4天日照时数少于3h次数≥2。

每亩赔付金额(元)=(x-8)×115.38

争议处理

第二十三条　因履行本保险合同发生的争议,由当事人协商解决。协商不成的,提交保险合同载明的仲裁机构仲裁;保险合同未载明仲裁机构或者争议发生后未达成仲裁协议的,依法向人民法院起诉。

第二十四条　与本保险合同有关的以及履行本保险合同产生的一切争议,适用中华人民共和国法律(不适合港澳台地区相关规定)。

其他事项

第二十五条　本保险合同自成立时起生效。

第二十六条　保险责任开始前,投保人要求解除保险合同的,保险人将已收取的保费退还投保人;保险责任开始后,投保人要求解除保险合同的,保险人对保险责任开始之日起至保险合同解除之日止期间的保费,按日比例计收,剩余部分退还投保人。

除另有约定外,保险人要求解除保险合同的,应提前十五日向投保人发出解约通知书，保险人按照保险责任开始之日起至保险合同解除之日止期间与保险期间的日比例计收保费，并退还剩余部分保费。

但在保险合同有效期内，投保人、保险人均不得因保险西瓜的受灾程度发生变化增加保险费或者解除本保险合同。

第二十七条　保险西瓜发生全部损失，属于保险责任的，保险人在履行赔偿义务后，本保险合同终止；不属于保险责任的，本保险合同终止，保险人按日比例计收自保险责任开始之日起至损失发生之日止期间的保费，并退还剩余部分保费。

释　　义

第二十八条　本保险合同涉及下列术语时，适用下列释义：

低温冷害指数（LTI），3~4月最低气温；

高温指数（HTI），7~8月日平均气温>25℃持续3天及以上次数；

大风指数（WI），3~10月气象站10m高度观测的日10min最大风速达到6~8级总天数；

寡照指数（LI），3~10月连续4天日照时数少于3h次数。

第5章 宁夏回族自治区中宁县枸杞天气指数保险产品研发指引

5.1 标 的 确 定

5.1.1 中宁县枸杞种植现状

宁夏枸杞原产于我国北方，据有关资料记载，1934年宁夏栽种枸杞244hm², 产量15.6万kg，由于经营管理粗放，到1945年全宁夏枸杞总面积只剩下106.6hm²，总产5万kg。新中国成立后，枸杞生产迅速发展，栽植面积年年扩大，产量逐年上升。随着农业科学技术的发展，生产者逐渐掌握了新的丰产栽培技术，使枸杞生产水平和品质质量都有很大提高。至2019年，宁夏全区枸杞种植面积达100万亩，占全国枸杞总面积的33%，枸杞干果年产量达14万t，综合产值130亿元，良种覆盖率达95%以上。全区建成国家级研发中心4个、国家级枸杞种质资源圃2个，扶持培育枸杞生产、加工、流通经营主体730余家，已成为全国枸杞产业基础最好、生产要素最全、品牌优势最突出的核心产区。枸杞种植主要集中在宁夏地区，以中宁县为中心。目前，宁夏中宁县枸杞种植面积近30万亩，综合产值超过40亿元，中宁县枸杞以161.56亿元的区域品牌价值位列全国农业区域品牌价值榜单第四位。

近年来，当地政府相继出台了《加快中宁枸杞产业发展扶持政策》等产业扶持政策，印发了《2017年中宁枸杞产业发展安排意见》《中宁县现代标准化枸杞示范园区建设方案》《"中宁枸杞"地理标志证明商标使用管理办法》《加快中宁枸杞品牌建设实施方案》等配套文件，明确任务，细化责任，为枸杞产业转型升级奠定基础。同时，县财政加大投入力度，每年列支600万元枸杞产业专项资金用于支持产业转型升级。建成千亩以上标准化枸杞示范园区13个，建成舟塔乡标准化枸杞示范园区1个，标准化规模种植基地达11.8万亩，占中宁县枸杞总面积的59%，有机枸杞认证、GAP认证和出口质量安全示范区面积分别达2482.5亩、61 000亩和45 000亩，入围第一批国家良好农业规范（GAP）认证示范县创建名单。

5.1.2 中宁县枸杞种植保险扶持政策

为推进中宁县枸杞产业高质量发展，中共中宁县委员会中宁县人民政府结合全县枸杞产业的发展现状,制定了《中宁县 2020 年推进枸杞产业高质量发展扶持政策》。依据中央有关政策,结合宁夏农业保险实际情况,宁夏农业农村厅牵头起草修订了《宁夏农业保险保费补贴管理办法》,征求和吸纳了宁夏农业农村、林业草原、银保监等部门,各市(县、区)政府、相关保险机构意见并广泛征集了社会意见。枸杞等高效优势特色产业,纳入宁夏保险支持范围。宁夏保险品种保费补贴比例:自治区级、县级及农户(投保人)按照 5:3:2 比例承担。

5.2 资料与数据收集

宁夏中宁县枸杞的天气指数保险产品设计涉及的主要数据与资料如下所述。

(1)气象数据。所需气象资料主要为宁夏中宁县气象站 1990～2019 年的逐日平均气温、最低气温、最高气温、降水量、风速。

(2)枸杞的产量资料。2004～2019 年宁夏中卫市枸杞的产量和种植面积,来源于《宁夏统计年鉴》、《中卫统计年鉴》。

(3)其他资料。宁夏中宁县枸杞产值、相关扶持政策、个别年份灾害性天气,数据来源于中宁县人民政府官网及当地灾害年鉴。

5.3 农业生产关联的气象风险识别与分析

5.3.1 单产与减产率分析

通过查询相关资料和数据,中宁县枸杞种植面积、产量数据时间序列较短、不连续。对中卫市与中宁县已有的枸杞种植面积、产量数据进行相关性分析表明,种植面积、产量的相关系数分别为 0.965、0.974,说明中宁县枸杞的面积和产量与中卫市枸杞的面积和产量有很强的相关性,中卫市枸杞面积及产量的变化情况可较好地反映中宁县枸杞面积及产量的变化。2004～2019 年中卫市枸杞种植面积序列中有个别年份缺失,通过使用 SPSS 多重插补的方式对缺失值进行了插补。

通过运用 3 年滑动平均、5 年滑动平均、二次曲线、三次曲线等方法对宁夏中卫市枸杞的产量进行去趋势拟合,以模拟产量与实际产量拟合效果最好为目标,筛选出 5 年滑动平均法为趋势产量的模拟方法。对 2004～2019 年中卫枸杞单产分析表明(图 5.1),有 7 年(总样本数的 43.75%)产量低于平均值。从相对气象产量序列可以看出(图 5.2),相对气象产量小于 0 的年份有 10 年,即因气象灾害减产的年份有 10 年,低于 1 个标准差的年份为 2008 年。因此,初步判断 2008 年气象灾害导致了较大的产量损失。

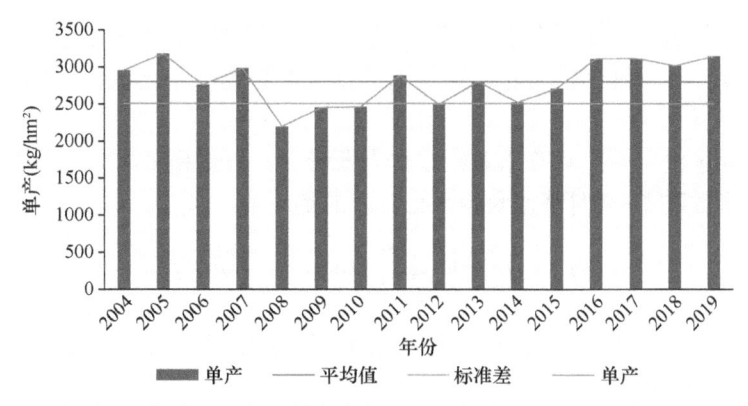

第 5 章　宁夏回族自治区中宁县枸杞天气指数保险产品研发指引 | 59

图 5.1　2004～2019 年中卫市枸杞单产变化及趋势产量拟合（彩图请扫封底二维码）

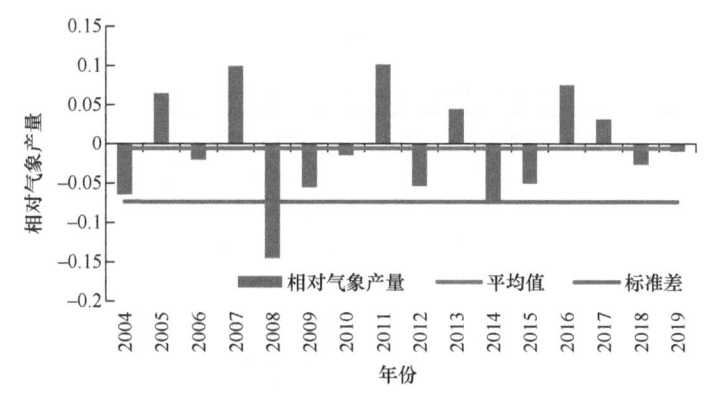

图 5.2　2004～2019 年中卫市枸杞相对气象产量（彩图请扫封底二维码）

5.3.2　气象灾害风险分析

基于中卫枸杞产量的减产率分析结果，通过查阅相关文献和灾害记录，查明减产年当年发生的主要气象灾害如下。

干旱，2008 年 4 月下旬至 8 月中旬，平均降水量为 1961 年以来的次低水平，大部分地区降水偏少，气温偏高，中部干旱带和南部山区旱情发展迅速；

暴雨，10 个减产年份 5～8 月出现 7 次局地暴雨洪涝；

冰雹，10 个减产年份出现冰雹天气 10 次；

冷害，10 个减产年份全区发生低温冷害。

综上所述，枸杞在减产年份，可能遇到的气象灾害主要有干旱、暴雨、冰雹、冷害等。

5.4　天气指数构建与模型建立

针对可能遇到的主要气象灾害，选取 3～5 月日平均气温≤0℃日数、日平均气温≤-1℃日数、日最低气温≤0℃日数、日最低气温为冷害指数；选取干旱指数（H_w）为4～8月降水负距平；选取的暴雨指标为5～9月暴雨日数、连阴雨次数等。

最终筛选出4～8月降水负距平作为衡量中宁县枸杞干旱指标，构建干旱指数。干旱指数取4～8月降水负距平百分率的绝对值。

$$H_w = |P_\alpha| = \left|\frac{P - \overline{P}}{\overline{P}}\right| \times 100\% \quad P < \overline{P} \quad (5\text{-}1)$$

式中，H_w为干旱指数（%）；P_α为降水负距平（%）；P为4～8月降水量（mm）；$\overline{P}$为1990～2019年4～8月平均降水量（mm），结果如表5.1所示。

干旱指数与枸杞减产率回归方程为

$$x = 0.084 H_w + 3.588 \quad (5\text{-}2)$$

表5.1　1990～2019年中宁县干旱指数

年份	4～8月降水总量（mm）	降水距平（%）	H_w
1990	228.9	57.36	0
1991	122.2	-15.99	15.99
1992	120.4	-17.23	17.23
1993	130.3	-10.42	10.42
1994	168.1	15.56	0
1995	196.2	34.89	0
1996	156.8	7.80	0
1997	105.8	-27.27	27.27
1998	183.3	26.01	0
1999	158.4	8.90	0
2000	106.6	-26.72	26.72
2001	170.4	17.15	0
2002	194.7	33.85	0
2003	169.3	16.39	0
2004	142.1	-2.31	2.31
2005	48.5	-66.66	66.66
2006	85	-41.56	41.56
2007	209	43.68	0
2008	62.3	-57.17	57.17
2009	97.8	-32.77	32.77
2010	139.2	-4.30	4.30
2011	94.3	-35.17	35.17
2012	186.4	28.15	0

续表

年份	4~8月降水总量（mm）	降水距平（%）	H_w
2013	163.9	12.68	0
2014	210.2	44.51	0
2015	79.8	−45.14	45.14
2016	131.8	−9.39	9.39
2017	149.7	2.91	0
2018	196.2	34.88	0
2019	156.2	7.38	0

结合历史气象数据，确定枸杞不同干旱等级范围：重度干旱（H_w>80%）、中度干旱（65%<H_w≤80%）、轻度干旱（50%<H_w≤65%）（表 5.2）。

表 5.2 干旱指标与枸杞减产率关系

干旱风险	干旱指标（%）	减产率（%）
轻度干旱	50<H_w≤65	7.8<x≤9
中度干旱	65<H_w≤80	9<x≤10.3
重度干旱	H_w>80	10.3<x

设置干旱指数 50%启动赔付，则 2004~2019 年历年减产率和赔付率计算结果如图 5.3 所示。

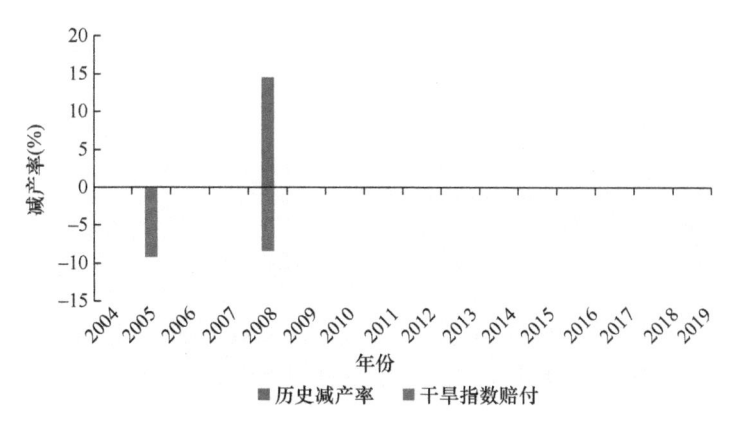

图 5.3 历年减产率与干旱指数赔付对比（彩图请扫封底二维码）

5.5 干旱指数保险费率厘定与保费

5.5.1 单产分布模型

研究选取枸杞单产分布模型法进行保险费率的厘定，为了更好地评估农业风险对农产品的损害，选取比较具有代表性的 4 种模型：正态分布、对数正态分布、Gamma 分布和 3 参数 Weibull 分布模型，用矩比率图结合 A-D 检验选择最优模型。A-D 检验是一种基于经验累积分布函数（ECDF）的算法，特别适用于小样本（当然也适用于大样本）。A-D 检验只适合对特定的连续分布如正态分布、对数正态分布、偏正态分布、Gamma 分布、Weibull 分布、Logistic 分布等进行检验。其检验结果较为精确，可信度高，一般评判值（AD）值越小，对数据拟合度越好。通过对单产序列进行运算，4 种分布的 AD 值如图 5.4 所示。

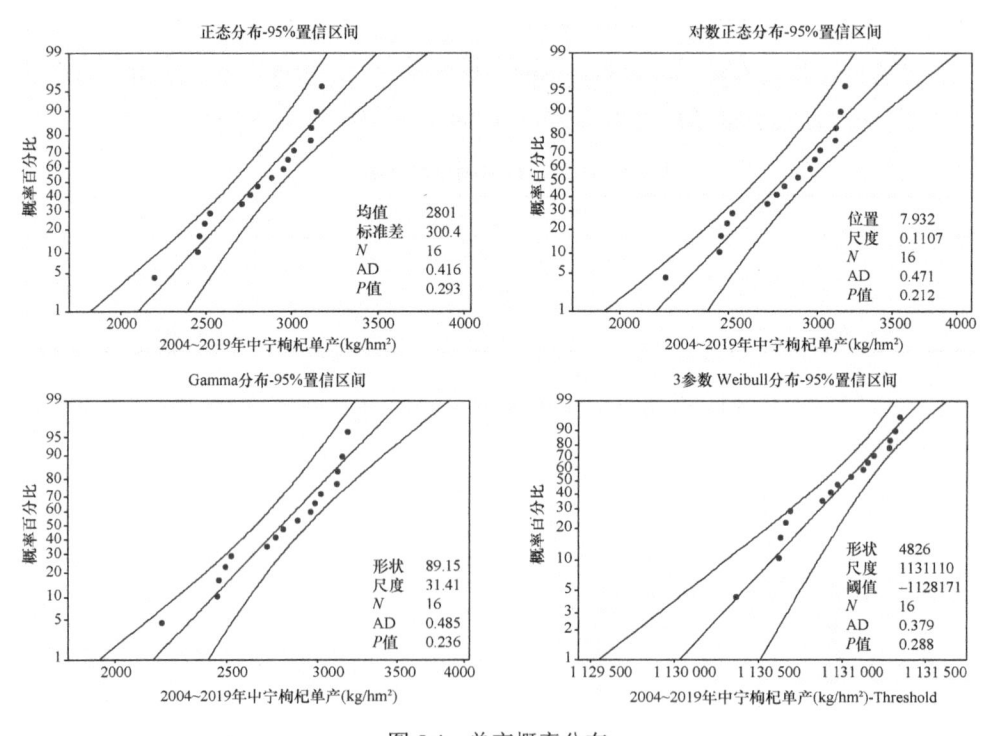

图 5.4 单产概率分布

通过图 5.4 可知，中宁县枸杞单产序列用 3 参数 Weibull 分布进行拟合的 AD 值最小，因此 3 参数 Weibull 分布是中宁县枸杞单产的最优分布模型。

5.5.2 费率厘定

根据天气指数序列，利用 3 参数 Weibull 分布得到达到赔付标准的概率（表 5.3）。以 4~8 月降水距平百分率计算得到 3 参数 Weibull 分布参数 $\alpha=96.54$，$\beta=2.757$，$\mu=-93.20$。

第 5 章　宁夏回族自治区中宁县枸杞天气指数保险产品研发指引 | 63

表 5.3　不同等级干旱发生概率

干旱风险	干旱指数（%）	发生概率（%）
轻度干旱	50< H_w ≤65	3.2
中度干旱	65< H_w ≤80	1.3
重度干旱	H_w >80	0.7

依据不同干旱发生概率及对应枸杞减产率，求得纯费率 R=0.74%。假设安全系数值定为 15%，营业费用系数定为 20%，利润率定为 5%，得到枸杞干旱指数保险的毛费率为 1.12%。

$$T=\frac{N}{n[1-F(x)]} \quad (5-3)$$

式中，T 为重现期（年）；F(x) 为变量的累积分布函数；N 为样本观测时长即研究的时间段；n 为观测时段内变量超过某一特定值的次数。

由式（5-3）算出 1990～2019 年 30 年间重度干旱未发生，轻度、中度干旱重现期均为 30 年一遇。

按照 2019 年中宁县枸杞的平均市场价格，枸杞每亩收益金额约为 10 000 元。根据分析，干旱最高可导致枸杞减产 12%，因此设定枸杞干旱指数保险的保险金额为 1200 元/亩，则枸杞干旱指数保险的纯保费为 8.88 元/亩，实际保费为 13.44 元/亩。干旱指数与赔付历史的回溯如图 5.5 所示。

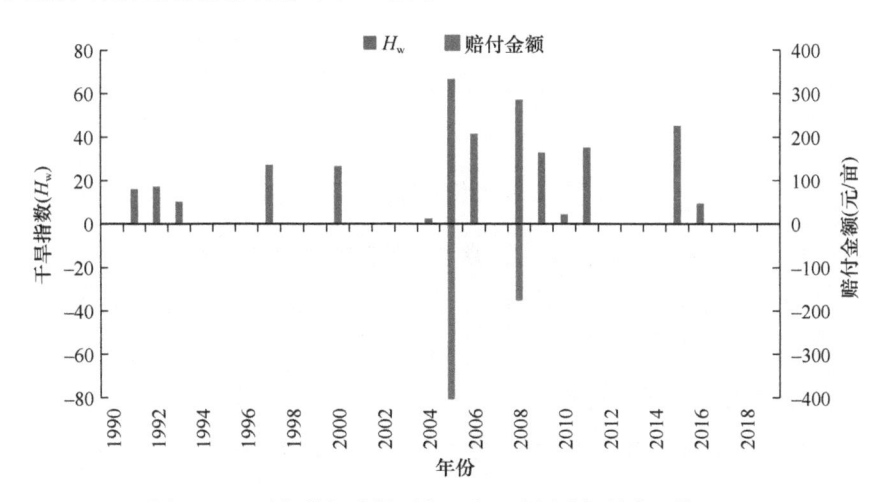

图 5.5　干旱指数与赔付历史回溯（彩图请扫封底二维码）

5.5.3　赔付设计

根据干旱指数，当 H_w 达到 50%时达到启赔点。即当 H_w <50%，投保农户的保

险赔偿金为0。保险金额为1200元/亩，干旱指数 H_w 每增加1%，赔付额增加24元，每亩干旱指数赔付金额计算见公式（5-4）；当 $H_w \geq 100\%$ 时，达到最高赔偿为1200元。

$$赔付金额=(H_w-50\%) \times 24 \quad 50\% \leq H_w < 100\% \quad (5\text{-}4)$$

5.6 宁夏回族自治区中宁县枸杞干旱指数保险条款设计

总 则

第一条 本保险合同由保险条款、投保单、保险单或其他保险凭证以及批单组成。凡涉及本保险合同的约定，均应采用书面形式。

第二条 本保险合同的被保险人必须为在宁夏回族自治区中宁县从事枸杞种植的种植户或种植企业。

保险标的

第三条 本保险合同的保险标的为被保险人在保险单中载明的投保地理区域内定植的生长和管理正常的枸杞。

保险责任

第四条 在保险期间内，当保险中宁县枸杞所在投保地理区域内遭遇本保险条款约定的干旱事件时，视为发生保险事故，保险人按照本保险合同的约定负责赔偿。

责任免除

第五条 下列原因造成的损失、费用，保险人不负责赔偿：

（一）战争、军事行动、恐怖行动、敌对行为、武装冲突、民间冲突、罢工、骚乱、暴动；

（二）行政行为或司法行为；

（三）他人的恶意破坏行为，或投保人及其家庭成员、被保险人及其家庭成员、投保人或被保险人雇用人员的故意或重大过失行为、管理不善；

（四）核辐射、核裂变、核聚变、核污染及其他放射性污染；

（五）种子、肥料、农药等存在质量问题或违反技术要求应用种子、肥料、农药等；

第 5 章　宁夏回族自治区中宁县枸杞天气指数保险产品研发指引 | 65

（六）未经当地农业技术部门许可，盲目引进新品种，采用不成熟的新技术或管理措施失误（含误用农药）。

第六条　下列损失、费用，保险人也不负责赔偿：

（一）因本合同设置以外的原因导致保险枸杞的损失；

（二）未达到本保险合同约定的气象灾害事件标准情况下的损失；

（三）被保险人的各种间接损失；

（四）根据本条款其他部分内容中的相关约定，保险人应不承担或免除保险责任的各种情形下的损失、费用或责任，或保险人有权予以扣除、减少的部分。

第七条　其他不属于本保险责任范围的损失、费用，保险人也不负责赔偿。

保险期间

第八条　本保险合同的保险期间为 4 月 1 日零时起至 8 月 31 日二十四时止，在保险单中载明。

保险金额

第九条　枸杞每亩保险金额参照历史最大减产损失 1200 元/亩设定，投保人可根据保险枸杞的实际种植成本或市场价值选择投保份数，并在保险单中载明。

保险金额（元）=每亩保险金额（元）×保险面积（亩）

保险面积以保险单载明为准。

保　费

第十条　每亩保费为 13.44 元。

保费=保险金额×保险费率

保险费率 1.12%。

保险人义务

第十一条　订立本保险合同时，采用保险人提供的格式条款的，保险人向投保人提供的投保单应当附格式条款，保险人应向投保人说明本保险合同的条款内容。对保险合同中免除保险人责任的条款，保险人在订立保险合同时应当在投保单、保险单或者其他保险凭证上作出足以引起投保人注意的提示，并对该条款的内容以书面或者口头形式向投保人作出明确说明。未作提示或者明确说明的，该条款不产生效力。

第十二条　本保险合同成立后，保险人应当及时向投保人签发保险单或其他保险凭证。

第十三条　保险人依据本保险条款所取得的保险合同解除权，自保险人知道有解除事由之日起，超过三十日不行使而消灭。保险人在保险合同订立时已经知道投保人未如实告知的情况的，保险人不得解除保险合同；发生保险事故的，保险人应当承担赔偿责任。

第十四条　保险人按照本保险条款的约定，认为被保险人提供的有关索赔的证明和资料不完整的，应当及时一次性通知被保险人补充提供。

第十五条　保险人收到被保险人的赔偿请求后，应当及时就是否属于保险责任作出核定，并将核定结果通知被保险人。情形复杂的，保险人在收到被保险人的赔偿请求后三十日内未能核定保险责任的，保险人与被保险人根据实际情形商议合理期间，保险人在商定的期间内作出核定结果并通知被保险人。对属于保险责任的，在与被保险人达成有关赔偿金额的协议后十日内，履行赔偿义务。

保险人依照前款的约定作出核定后，对不属于保险责任的，应当自作出核定之日起三日内向被保险人发出拒绝赔偿保险金通知书，并说明理由。

投保人、被保险人义务

第十六条　投保人应履行如实告知义务，如实回答保险人就保险枸杞或被保险人的有关情况提出的询问，并如实填写投保单。

投保人故意或者因重大过失未履行前款规定的如实告知义务，足以影响保险人决定是否同意承保或者提高保险费率的，保险人有权解除保险合同。保险合同自保险人的解约通知书到达投保人或被保险人时解除。

投保人故意不履行如实告知义务的，保险人对于保险合同解除前发生的保险事故，不承担赔偿责任，并不退还保费。

投保人因重大过失未履行如实告知义务，对保险事故的发生有严重影响的，保险人对于保险合同解除前发生的保险事故，不承担赔偿责任，但应当退还保费。

第十七条　除另有约定外，投保人应在保险合同成立时交清保费。保费缴清前发生的保险事故，保险人不承担赔偿责任。

第十八条　保险枸杞转让的，被保险人或者受让人应当及时通知保险人。

第十九条　被保险人向保险人请求赔偿时，应向保险人提供下列证明和资料：

(一)保险单正本或保险凭证;

(二)索赔申请书。

被保险人未履行前款约定的义务,导致保险人无法核实损失情况的,保险人对无法核实的部分不承担赔偿责任。

第二十条 被保险人在请求赔偿时应当如实向保险人说明与受损保险枸杞有关的其他保险合同的情况。

赔付处理

第二十一条 保险事故发生时,被保险人对保险枸杞不具有保险利益的,不得向保险人请求赔偿保险金。

第二十二条 在保险单约定的投保地理区域内,保险枸杞发生保险责任范围内的损失,保险人按以下方式计算赔偿:

(一)投保人和保险人一致同意,投保地理区域内以本保险合同约定的中宁县气象站(代码 53705)作为最佳气象站,并且以上述气象站观测的气象数据作为确定为灾害事故的依据,其他任何气象站观测的气象数据不得作为认定相应事件的依据。

根据保险期间内的干旱对应的赔偿标准来衡量其造成保险枸杞的损失是基于历史经验对实际损失的最佳估计,是双方都认可的合理、有效的损失计算方法。用该方法计算的损失和赔款,可能高于被保险人的实际损失,也可能低于被保险人的实际损失。投保人和保险人一致同意,无论实际损失如何,最终赔偿金额均根据本保险合同约定的干旱事件对应的赔偿计算标准确定。

(二)赔偿计算公式如下:

保险枸杞发生保险责任范围内的损失,保险人根据保险单约定的国家级气象观测站点数据,参照表 5.4 计算各个指数对应的赔偿金额。

表 5.4 枸杞干旱指数保险赔付

干旱指数(H_W)	赔付标准(元/亩)
$H_W<50\%$	0
$50\%\leq H_W<100\%$	($H_W-50\%$)×24
$100\%\leq H_W$	1200

干旱指数(H_W):4~8 月降水负距平百分率的绝对值。计算方法如下,

$$H_\mathrm{w} = |P_\alpha| = \left|\frac{P-\overline{P}}{\overline{P}}\right| \times 100\% \qquad P < \overline{P}$$

式中，P 为当年 4~8 月降水量（mm）；$\overline{P}$ 为 1990~2019 年 30 年 4~8 月累计降水量的平均值（mm），中宁站的为 72.7mm。

争议处理

第二十三条　因履行本保险合同发生的争议，由当事人协商解决。协商不成的，提交保险合同载明的仲裁机构仲裁；保险合同未载明仲裁机构或者争议发生后未达成仲裁协议的，依法向人民法院起诉。

第二十四条　与本保险合同有关的以及履行本保险合同产生的一切争议，适用中华人民共和国法律（不适合港澳台地区相关规定）。

其他事项

第二十五条　本保险合同自成立时起生效。

第二十六条　保险责任开始前，投保人要求解除保险合同的，保险人将已收取的保费退还投保人；保险责任开始后，投保人要求解除保险合同的，保险人对保险责任开始之日起至保险合同解除之日止期间的保费，按日比例计收，剩余部分退还投保人。

除另有约定外，保险人要求解除保险合同的，应提前十五日向投保人发出解约通知书，保险人按照保险责任开始之日起至保险合同解除之日止期间与保险期间的日比例计收保费，并退还剩余部分保费。

但在保险合同有效期内，投保人、保险人均不得因保险枸杞的受灾程度发生变化增加保费或者解除本保险合同。

第二十七条　保险枸杞发生全部损失，属于保险责任的，保险人在履行赔偿义务后，本保险合同终止；不属于保险责任的，本保险合同终止，保险人按日比例计收自保险责任开始之日起至损失发生之日止期间的保费，并退还剩余部分保费。

第6章 四川省龙泉驿区水蜜桃天气指数保险产品研发指引

6.1 标的确定

6.1.1 龙泉驿区水蜜桃概况

　　四川龙泉驿是全国闻名的水果之乡，也是"中国水蜜桃之乡"。龙泉驿水蜜桃是国家地理标志产品，其种植水蜜桃已有400多年的历史。作为我国早熟桃优势产区，比东部桃产区早上市15天左右，比北方桃产区早上市25天左右，是国内唯一一个海拔上千米的水蜜桃产地。

　　龙泉驿主要以浅丘为主，属四川盆地中亚热带湿润气候，受龙泉山脉影响具有独特的小气候环境：温暖，湿润，光热足，冬无严寒，夏无酷暑，春暖秋凉，霜期较短。特有的紫色土壤营养丰富，保水保肥性强，透气性好。独特的地理环境孕育了优质的水蜜桃。

　　四川龙泉驿历年平均气温16.5℃，1月平均气温5.8℃，7月平均气温25.6℃，年平均气温及冬季气温比同纬度地区高，夏季比同纬度地区低。年均日照时数1200h以上，比同纬度的长江中下游地区少600~800h，属全国日照低值地区之一。在早熟桃品质形成的关键期（4~6月）晴天多，能够满足桃果实发育对光照的需求。年降水量为900mm左右，年均蒸发量为1100mm左右。3月桃树花期，发生连阴雨概率低，利于坐果。在早熟桃果实品质发育的关键期（3~6月），降雨少利于生产高含糖量的优质果。7~9月降雨量大，尤其在7月暴雨集中，不利于果实品质发育，但能促进桃树的营养生长，快速恢复采果后的树势。龙泉山脉地带的气候条件十分有利于早熟、早中熟桃树的生长发育和果实品质的形成。当地桃树萌芽抽枝早，进入休眠晚，年生长量大，幼树定植当年可成形，桃树在果实采收后恢复时间长，利于翌年丰产。

6.1.2 水蜜桃品种和作物生长期

　　水蜜桃开花期一般在3月上中旬，经过3~6个月生长，大多数水蜜桃都在6~9月成熟。落花至核层开始硬化是果实的快速生长期，期间果实体积和重量迅速增加，一般需要 45 天左右；核层开始硬化至完全硬化为硬核期，这一时期果实发育缓慢，早熟品种为 1~2 周，中熟品种为 4~5 周，晚熟品种为 6~7 周或更长；从核层硬化后至果实成熟前为果实后期生长期，一般在采前 10~20 天果实体积和重量增长最快。

龙泉驿水蜜桃有 40 多个品种，主推的有'春蕾''京春''早香玉''庆丰''白凤''皮球桃''京艳''龙泉晚'白桃等 20 余个。从 5 月中下旬上市，到 10 月初结束，供应期达 120 多天。

6.1.3 龙泉驿区灌溉情况

龙泉驿区有长江支流岷江和沱江。境内东南部有芦溪河、陡沟河和沙河支沟，为岷江支流锦江的支流。灌溉条件很好。

6.1.4 水蜜桃产量和收益

据统计，2017 年，龙泉驿水蜜桃种植面积达到 20 万亩，产量约 10 万 t，水蜜桃出口量达到 300t。一般而言，每亩地平均种植 110 棵果树，平均每棵树结桃 30 斤[①]左右。桃园成本为 1100 元/亩左右（包含农药、化肥、套袋等，不含人工、地租）；收入大约是 10 000 元/亩。不包含人工、地租的毛利率约为 80%。

早熟品种：'春蜜'，5 月下旬至 6 月初成熟，批发价一般每斤 4~7 元；'五月脆'，6 月中旬成熟，批发价每斤 5~7 元；'日本松山'，6 月下旬成熟，批发价每斤 5~7 元。中晚熟品种：'皮球桃'，种植面积最大，于 7 月中下旬成熟，批发价每斤 3~4 元；'晚 24 号桃'，8 月上旬成熟，批发价每斤 3~4 元。

6.1.5 龙泉驿区果品保险现状

从 2012 年，成都市龙泉驿区柏合镇就动员果农购买政策性农业险，农工村投保率在 90%以上。每公顷每年投保 1800 元，成都市市级财政承担 50%，县（区、市）财政承担 25%，农户承担 25%，即农户每公顷承担 450 元。为鼓励农民参保，龙泉驿区在此基础上提高了补贴标准。中国人民财产保险股份有限公司成都市龙泉驿支公司是承保方，农户以合作社形式购买保险，每公顷只需支付 45 元，以单户投保，每公顷支付 187.5 元。这一举措调动了农户投保的积极性。

2020 年龙泉驿区农业保险承保的保险公司有 6 家（表 6.1），承保范围较广。中国人民财产保险股份有限公司成都市龙泉驿支公司，承保水蜜桃目标价格、水蜜桃补充保险。

---

① 1 斤=500g。

表 6.1　龙泉驿区农业保险承保范围及承保机构

序号	保险机构	承保品种
1	中国人民财产保险股份有限公司成都市龙泉驿支公司	水稻、玉米、油菜、马铃薯、能繁母猪、商品猪、水果、生猪价格指数（猪粮比）、水蜜桃目标价格、水蜜桃补充、有机农业、农村土地流转履约保证保险
2	中航安盟财产保险有限公司（现为内安盟财产保险有限公司）	水产养殖、森林、食用菌、小家禽、枇杷目标价格、花卉苗木保险
3	锦泰财产保险股份有限公司龙泉支公司	蔬菜、蔬菜价格指数、生猪价格指数（绝对价格）、农业生产经营主体用工意外伤害保险、农产品品质保险
4	中国平安财产保险股份有限公司龙泉支公司	葡萄目标价格、鸡蛋价格、农村沼气池、农村土地流转履约保证保险
5	中华联合财产保险股份有限公司成都市龙泉驿支公司	农村居民住房、农村土地流转履约保证保险
6	中国太平洋财产保险股份有限公司	花卉苗木保险

资料来源：龙泉驿区农业农村局 2020 年公示信息

6.2　资料与数据收集

（1）气象资料，四川龙泉驿区气象站 1980~2019 年（1991~1994 年数据缺失）共计 36 年逐日气象数据。

（2）产量资料，2002~2019 年水蜜桃产量和种植面积，来源于《龙泉驿年鉴》。

（3）其他资料，水蜜桃产值、个别年份灾害性天气，来源于新闻报道及当地灾害年鉴。

6.3　农业生产关联的气象风险识别与分析

6.3.1　龙泉驿区气候变化特征和主要灾害风险

1. 龙泉驿区气候变化特征

根据查阅文献及实地调研可知，1980~2016 年龙泉驿区气候变化有以下特征。

（1）龙泉驿区气候为雨热同期。

（2）年平均气温主要呈增长趋势，高温年份为 2006 年、2007 年、2013 年、2014 年和 2015 年；低温年份为 1984 年、1989 年、1996 年、1988 年和 1992 年。1997~2016 年的龙泉驿区平均气温基本都高于平均值，而 1997 年前的平均气温都普遍低于平均值。

（3）年平均气温具有准 5 年的显著主周期且较稳定，具有准 9 年和 17~18 年的次周期。

（4）龙泉驿区年降水量明显减少，且在 1996～1998 年发生突变，有准 3 年主周期和准 10 年、准 22 年的次周期，年和季节降水量的准周期变化在所研究的时域中分布较均匀，周期振荡显著。

2. 龙泉驿区气象灾害类型

龙泉驿区春季多干旱、寒潮，夏季常见暴雨、干旱、冰雹、雷暴、高温热害等，秋季多干旱、连阴雨等，冬季以寒潮、大雾、霜冻、干旱等为主。农业气象灾害往往诱发次生灾害，导致农业生产受损严重、病虫害流行等。龙泉驿区气象站 1980 年建站以来，20 世纪 80 年代至 90 年代末期年平均气温呈波动起伏趋势，90 年代末期至今呈整体上升，最高值为 2006～2007 年，年平均气温 17.7℃，较平均气温较低的年份（1984 年）偏高 2.2℃；年降水量整体趋于减少，降水时空分布极不均匀，突发性、局地性暴雨增多。此外，高温热害是当地主要的农业气象灾害之一。

6.3.2 龙泉驿区水蜜桃主要气象风险

经实地调研，当地果农建议关注水蜜桃花芽分化期及成熟期（6～8 月）高温天气。夏季（6～8 月）连续 30℃高温会造成水蜜桃损失。

6.3.3 龙泉驿区水蜜桃产量与减产率分析

2002～2019 年，龙泉驿区水蜜桃种植面积总体呈平缓下降趋势，其中，2002～2010 年稳步上升，2010～2019 年种植面积有所下降。2008 年之前，龙泉驿区水蜜桃总产量波动性缓慢上升，2008～2010 年上升趋势明显，2012～2014 年迅速上升，2015～2018 年产量趋于平稳（图 6.1）。

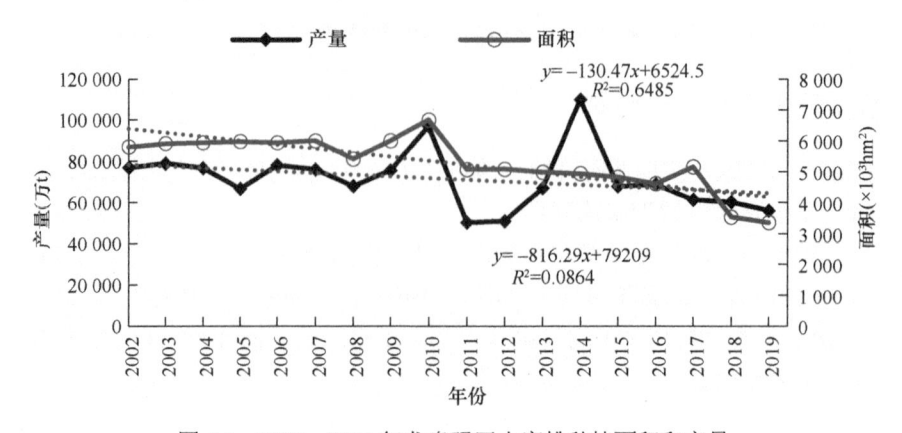

图 6.1 2002～2019 年龙泉驿区水蜜桃种植面积和产量

2002~2019 年单产整体趋势波动中上升（图 6.2），平均值为 13.70t/hm²，标准差为 1.94t/hm²。其中，剔除 2014 年单产的虚高数据后，9 个观测值（小于总观测值的 50%）在平均值以下，4 个观测值低于 1 个标准差，分别是 2005 年、2011 年、2012 年和 2017 年。

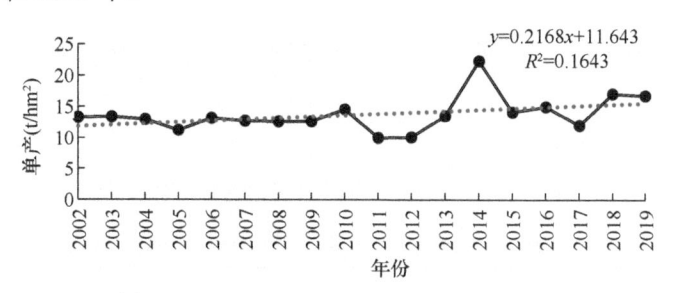

图 6.2　2002~2019 年龙泉驿区水蜜桃单产

选择 3 年滑动平均、5 年滑动平均、Logistic 回归、指数回归、线性回归、二次多项式回归、三次多项式回归等方法，分别计算水蜜桃的趋势产量，最终选定 3 年滑动平均为最佳产量分离方法。为使气象因素对产量的影响不受时间和地域限制，采用相对气象产量表征气象产量变异。相对气象产量是偏离趋势产量波动的相对变率，相对变率为负值即减产率。2002~2019 年龙泉驿区水蜜桃相对减产率如图 6.3 所示。

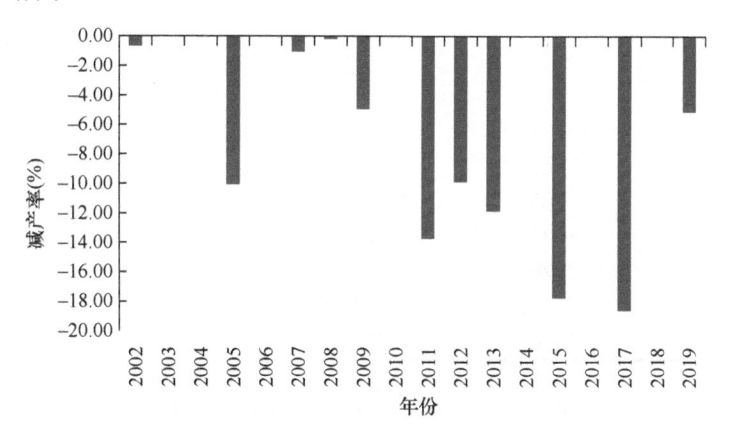

图 6.3　2002~2019 年龙泉驿区水蜜桃相对减产率

6.3.4　龙泉驿区水蜜桃历年减产与损失金额分析

根据 2002~2019 年龙泉驿区水蜜桃产量的统计数据，水蜜桃生产中关注的是自然灾害导致的水蜜桃产量减少情况，即 Y_r。

假设历史上第 t 年水蜜桃发生实际损失率为 Y_r，每公顷水蜜桃损失金额 A_t 元：

$$A_t = -\hat{Y}_r \cdot P \tag{6-1}$$

式中，P 为水蜜桃单价（元/kg）；$\hat{Y}_r$ 为计算的产量损失率。据调研，水蜜桃的市场价格并不统一，地区差异极大。就算是同一地区，其销售场地不同价格也有很大的区别。通常龙泉驿区水蜜桃一般在 3~8 元/斤，品质好的在 8~10 元/斤。假设水蜜桃单价为 4 元/斤，则历史上第 t 年水蜜桃发生实际损失可表达为

$$A_t = \hat{Y}_r \times Y \times 1000 \times 4/15 \tag{6-2}$$

式中，Y 为去趋势单产。

根据式（6-2），龙泉驿区 2002~2019 年水蜜桃气象损失金额见表 6.2。

表 6.2 龙泉驿区水蜜桃历年产量及损失金额（2002~2019 年）

年份	单产（t/hm²）	去趋势单产（t/hm²）	减产率	减产损失金额（元/亩）
2002	13.26	13.35	−0.66	−23
2003	13.36	13.18	0.00	0
2004	12.93	12.48	0.00	0
2005	11.17	12.41	−10.04	−299
2006	13.15	12.33	0.00	0
2007	12.67	12.80	−1.06	−36
2008	12.59	12.62	−0.18	−6
2009	12.59	13.24	−4.96	−166
2010	14.55	12.35	0.00	0
2011	9.93	11.51	−13.72	−363
2012	10.04	11.14	−9.88	−265
2013	13.45	15.26	−11.86	−425
2014	22.30	16.61	0.00	0
2015	14.07	17.10	−17.74	−665
2016	14.93	13.64	0.00	0
2017	11.91	14.63	−18.58	−590
2018	17.04	15.22	0.00	0
2019	16.72	17.63	−5.14	−229

6.4 天气指数构建与模型建立

高温是指夏季日最高气温高达 35℃ 及以上，持续时间超过 3 天的炎热天气现象。高温灾害则指的是气温达到某一温度时，农产品不能适应而产生的不良影响和损害。灾害风险被认为是自然灾害事件（包括量级、时间、场所等）发生的可能性，以及造成后果的严重程度。灾害具有自然与社会双重属性，是自然灾变（或致灾因子）与脆弱的承灾体相互作用的产物。

通过实地调研、文献查阅和资料搜集等，龙泉驿水蜜桃生育期间主要气象灾

害为高温热害、暴雨洪涝、大风、冰雹等。其中,洪涝灾害涉及地势、区域水流量、洪水持续时间等因素;大风灾害涉及作物根系深度、发生时间、风速风力及降水交互作用等因素,均难以用简单的气象指标衡量。高温热害指标单一、人为影响因素较小,较适合作为天气指数。夏季(6~8月)连续几日35℃以上高温就会造成水蜜桃损失。龙泉驿区水蜜桃花芽分化期及果实成熟期(6~8月)易发生高温热害。连续发生日最高温度≥35℃的天数作为危害水蜜桃产量的高温热害指标。综上分析,将日最高气温≥35℃持续3天以上作为高温致害指标。结合四川高温热害主要发生在6月初至8月末,因此,选定6~8月为高温热害指数的计算时段。

以水蜜桃花芽分化期及果实成熟期发生的高温危害作为水蜜桃高温热害指数。6~8月,若连续出现3天(含统计日)日最高气温均在35℃及以上,作为一个高温过程,从起始日开始,统计逐日最高气温与35℃的差额,记为日有效高温差(ΔT)。将统计期间每个高温过程的有效高温差进行累计,作为水蜜桃高温热害指数(ST):

$$\text{ST} = \sum_{i=1}^{n} \Delta T_i = \sum_{i=1}^{n} \sum_{j=d_{i1}}^{d_{i2}} (T_j - 35) \tag{6-3}$$

式中,i为高温过程次数;d_{i1}、d_{i2}分别为6~8月,第i个高温过程,即连续3天的日最高气温均在35℃及以上的起始、终止日;T_j为第j日最高气温。

水蜜桃高温热害指数保险费率测算要建立天气指数保险赔偿金额与实际发生损失金额之间的相关模型,使两者总体上相匹配。根据设计的天气指数模型,计算高温热害指数,统计1997~2019年历年水蜜桃果实成熟期及花芽分化期高温热害指数的历史发生情况,结果见表6.3。

表6.3 1997~2019年龙泉驿区水蜜桃高温热害指数(ST)

年份	高温热害指数(ST)(℃)	年份	高温热害指数(ST)(℃)
1997	5.7	2009	0
1998	0	2010	5.7
1999	0	2011	4.1
2000	1.4	2012	2.6
2001	8.2	2013	2.7
2002	6.3	2014	0
2003	0	2015	0
2004	0	2016	11.8
2005	0	2017	8.8
2006	26.1	2018	0
2007	1.6	2019	7.1
2008	3.3		

根据 2002～2019 年龙泉驿区水蜜桃高温热害指数确立的指数保险赔偿金额与相应实损金额进行对比分析（图 6.4）。结果表明，高温热害指数与相对应的实际损失金额的发生年份匹配状况较好，可以认为高温热害指数保险的赔付条件较合理。

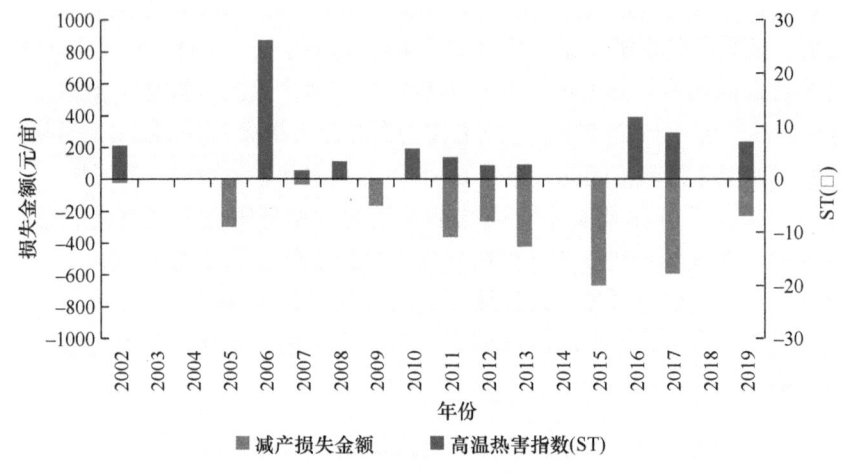

图 6.4　龙泉驿区水蜜桃相对减产率（彩图请扫封底二维码）

6.5　高温热害指数保险费率厘定与保费

6.5.1　费率厘定

对于该天气指数产品水蜜桃高温热害指数而言，启赔点为 5℃；最大赔付点为 25℃，即选定高温热害发生后的赔付条件。根据历史气象数据的差异性，保证水蜜桃种植天气指数保险的可持续性，确定纯费率为 4%，假设，安全系数值定为 15%，营业费用系数定为 20%，利润率定为 5%，则毛费率为 6.05%。

历史损失数据的标准差是历史赔付分析的重要部分。可以用赔付预期加上标准差来估计最高可能赔付。承保人所面对的风险，大多数的赔付将会少于此最高可能赔付额。龙泉驿区水蜜桃赔付金额历史回溯如图 6.5 所示。

6.5.2　赔付设计

水蜜桃高温热害指数赔付见式（6-4）。

$$赔付金额 = \begin{cases} 0 & ST < 5 \\ (ST-5) \times 20 & 5 \leqslant ST < 25 \\ 400 & ST \geqslant 25 \end{cases} \quad (6\text{-}4)$$

式中，高温热害指数（ST）见式（6-3）。

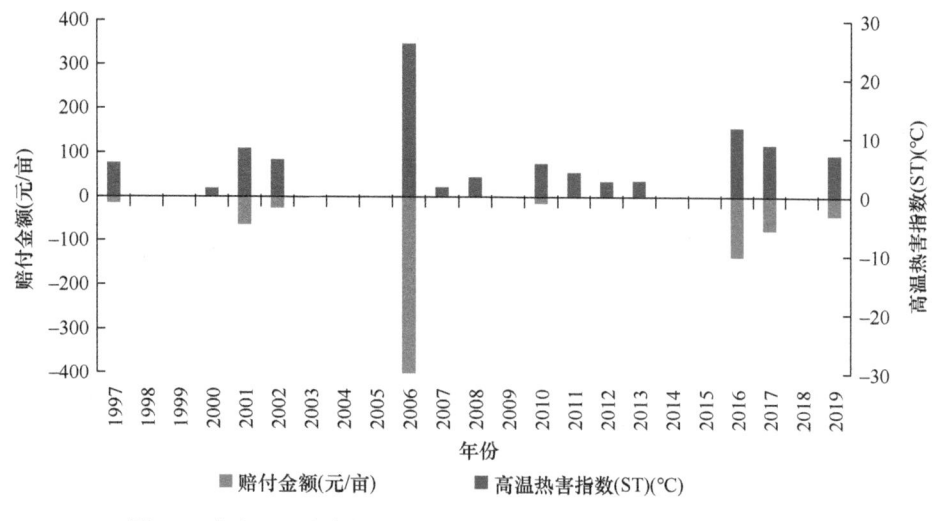

图 6.5 龙泉驿区水蜜桃赔付金额历史回溯（彩图请扫封底二维码）

6.6 四川省龙泉驿区水蜜桃高温热害指数保险条款设计

总　　则

第一条　本保险合同由保险条款、投保单、保险单或其他保险凭证以及批单组成。凡涉及本保险合同的约定，均应采用书面形式。

第二条　本保险合同的被保险人必须在四川省成都市龙泉驿区从事水蜜桃种植的种植户或种植企业。

保险标的

第三条　本保险合同的保险标的为被保险人在保险单中载明的投保地理区域内定植的生长和管理正常的水蜜桃。

保险责任

第四条　在保险期间内，当保险龙泉驿水蜜桃所在投保地理区域内遭遇本保险条款约定的高温事件时，视为发生保险事故，保险人按照本保险合同的约定负责赔偿。

责任免除

第五条　下列原因造成的损失、费用，保险人不负责赔偿：

（一）战争、军事行动、恐怖行动、敌对行为、武装冲突、民间冲突、罢工、骚乱、暴动；

（二）行政行为或司法行为；

（三）他人的恶意破坏行为，或投保人及其家庭成员、被保险人及其家庭成员、投保人或被保险人雇用人员的故意或重大过失行为、管理不善；

（四）核辐射、核裂变、核聚变、核污染及其他放射性污染；

（五）种子、肥料、农药等存在质量问题或违反技术要求应用种子、肥料、农药等；

（六）未经当地农业技术部门许可，盲目引进新品种，采用不成熟的新技术或管理措施失误（含误用农药）。

第六条 下列损失、费用，保险人也不负责赔偿：

（一）因本合同设置以外的原因导致保险龙泉驿水蜜桃的损失；

（二）未达到本保险合同约定的气象灾害事件标准情况下的损失；

（三）被保险人的各种间接损失；

（四）根据本条款其他部分内容中的相关约定，保险人应不承担或免除保险责任的各种情形下的损失、费用或责任，或保险人有权予以扣除、减少的部分。

第七条 其他不属于本保险责任范围的损失、费用，保险人也不负责赔偿。

保险期间

第八条 本保险合同的保险期间为 6 月 1 日零时起至 8 月 31 日二十四时止，在保险单中载明。

保险金额

第九条 龙泉驿水蜜桃每亩保险金额参照最高可能损失 400 元/亩设定，投保人可根据实际种植成本或市场价值选择投保份数，并在保险单中载明。

保险金额（元）=每亩保险金额（元）×保险面积（亩）

保险面积以保险单载明为准。

保 费

第十条 每亩保费为 24.2 元。

保费=保险金额×保险费率

保险费率 6.05%。

保险人义务

第十一条　订立本保险合同时，采用保险人提供的格式条款的，保险人向投保人提供的投保单应当附格式条款，保险人应向投保人说明本保险合同的条款内容。对保险合同中免除保险人责任的条款，保险人在订立保险合同时应当在投保单、保险单或者其他保险凭证上作出足以引起投保人注意的提示，并对该条款的内容以书面或者口头形式向投保人作出明确说明。未作提示或者明确说明的，该条款不产生效力。

第十二条　本保险合同成立后，保险人应当及时向投保人签发保险单或其他保险凭证。

第十三条　保险人依据本保险条款所取得的保险合同解除权，自保险人知道有解除事由之日起，超过三十日不行使而消灭。保险人在保险合同订立时已经知道投保人未如实告知的情况的，保险人不得解除保险合同；发生保险事故的，保险人应当承担赔偿责任。

第十四条　保险人按照本保险条款的约定，认为被保险人提供的有关索赔的证明和资料不完整的，应当及时一次性通知被保险人补充提供。

第十五条　保险人收到被保险人的赔偿请求后，应当及时就是否属于保险责任作出核定，并将核定结果通知被保险人。情形复杂的，保险人在收到被保险人的赔偿请求后三十日内未能核定保险责任的，保险人与被保险人根据实际情形商议合理期间，保险人在商定的期间内作出核定结果并通知被保险人。对属于保险责任的，在与被保险人达成有关赔偿金额的协议后十日内，履行赔偿义务。

保险人依照前款的约定作出核定后，对不属于保险责任的，应当自作出核定之日起三日内向被保险人发出拒绝赔偿保险金通知书，并说明理由。

投保人、被保险人义务

第十六条　投保人应履行如实告知义务，如实回答保险人就保险龙泉驿水蜜桃或被保险人的有关情况提出的询问，并如实填写投保单。

投保人故意或者因重大过失未履行前款规定的如实告知义务，足以影响保险人决定是否同意承保或者提高保险费率的，保险人有权解除保险合同。保险合同自保险人的解约通知书到达投保人或被保险人时解除。

投保人故意不履行如实告知义务的，保险人对于保险合同解除前发生的保险事故，不承担赔偿责任，并不退还保费。

投保人因重大过失未履行如实告知义务，对保险事故的发生有严重影响的，保险人对于保险合同解除前发生的保险事故，不承担赔偿责任，但应当退还保费。

第十七条　除另有约定外，投保人应在保险合同成立时交清保费。保费缴清前发生的保险事故，保险人不承担赔偿责任。

第十八条　保险龙泉驿水蜜桃转让的，被保险人或者受让人应当及时通知保险人。

第十九条　被保险人向保险人请求赔偿时，应向保险人提供下列证明和资料：

（一）保险单正本或保险凭证；

（二）索赔申请书。

被保险人未履行前款约定的义务，导致保险人无法核实损失情况的，保险人对无法核实的部分不承担赔偿责任。

第二十条　被保险人在请求赔偿时应当如实向保险人说明与受损保险龙泉驿水蜜桃有关的其他保险合同的情况。

赔付处理

第二十一条　保险事故发生时，被保险人对保险龙泉驿水蜜桃不具有保险利益的，不得向保险人请求赔偿保险金。

第二十二条　在保险单约定的投保地理区域内，保险龙泉驿水蜜桃发生保险责任范围内的损失，保险人按以下方式计算赔偿。

（一）投保人和保险人一致同意，投保地理区域内以本保险合同约定的龙泉驿区气象站（代码56286）作为最佳气象站，并且以上述气象站观测的气象数据作为确定为灾害事故的依据，其他任何气象站观测的气象数据不得作为认定相应事件的依据。

根据保险期间内的高温对应的赔偿标准来衡量其造成保险龙泉驿水蜜桃的损失是基于历史经验对实际损失的最佳估计，是双方都认可的合理、有效的损失计算方法。用该方法计算的损失和赔款，可能高于被保险人的实际损失，也可能低于被保险人的实际损失。投保人和保险人一致同意，无论实际损失如何，最终赔偿金额均根据本保险合同约定的高温事件对应的赔偿计算标准确定。

（二）赔偿计算公式如下：

保险水蜜桃发生保险责任范围内的损失，保险人根据保险单约定的国家级气象观测站点数据，按照表6.4计算各个指数对应的赔偿金额。

表 6.4　水蜜桃高温热害指数赔付

高温热害指数（ST）	赔付标准（元/亩）
ST<5	0
5≤ST<25	（ST−5）×20
25≤ST	400

高温热害指数（ST）为 6~8 月，若出现连续 3 天（含统计日在内）的日最高气温均在 35℃（含 35℃）以上，则将其作为一个高温过程，从起始日开始，统计逐日最高气温与 35℃ 的差额，记为日有效高温差（ΔT）。将统计期间每个高温过程的有效高温差进行累计，作为水蜜桃高温热害指数（ST）：

$$ST = \sum_{i=1}^{n} \Delta T_i = \sum_{i=1}^{n} \sum_{j=d_{i1}}^{d_{i2}} (T_j - 35)$$

式中，i 为高温过程次数；d_{i1}、d_{i2} 分别为 6~8 月，第 i 个高温过程，即连续 3 天的日最高气温均在 35℃ 及以上的起始、终止日；T_j 为第 j 日最高气温值。

争议处理

第二十三条　因履行本保险合同发生的争议，由当事人协商解决。协商不成的，提交保险合同载明的仲裁机构仲裁；保险合同未载明仲裁机构或者争议发生后未达成仲裁协议的，依法向人民法院起诉。

第二十四条　与本保险合同有关的以及履行本保险合同产生的一切争议，适用中华人民共和国法律（不适合港澳台地区相关规定）。

其他事项

第二十五条　本保险合同自成立时起生效。

第二十六条　保险责任开始前，投保人要求解除保险合同的，保险人将已收取的保费退还投保人；保险责任开始后，投保人要求解除保险合同的，保险人对保险责任开始之日起至保险合同解除之日止期间的保费，按日比例计收，剩余部分退还投保人。

除另有约定外，保险人要求解除保险合同的，应提前十五日向投保人发出解约通知书，保险人按照保险责任开始之日起至保险合同解除之日止期间与保险期间的日比例计收保费，并退还剩余部分保费。

但在保险合同有效期内，投保人、保险人均不得因保险龙泉驿水蜜桃的受灾程度发生变化增加保费或者解除本保险合同。

第二十七条　保险龙泉驿水蜜桃发生全部损失，属于保险责任的，保险人在履行赔偿义务后，本保险合同终止；不属于保险责任的，本保险合同终止，保险人按日比例计收自保险责任开始之日起至损失发生之日止期间的保费，并退还剩余部分保费。

第7章 山东省章丘区大葱天气指数保险产品研发指引

7.1 标的确定

7.1.1 章丘大葱种植现状

章丘是中国大葱之乡,有2600多年的栽培历史。"章丘大葱"是国家地理标志农产品,入选第四批"中国重要农业文化遗产"名录。

山东章丘属暖温带半湿润性季风气候,光照资源丰富,年平均日照时数为2647.6h,占全年可照时间的56%;年积温4580℃·d,平均气温12.9℃,无霜期210天左右。昼夜温差大,有利于作物养分积累。年平均降水量为600~630mm,主要集中于夏季。章丘的日照、气温、降水等气候资源非常适宜大葱生长发育周期的节律性需要。

章丘大葱主要产于山东省中部平原地区,地势平坦,土壤肥沃。地理标志面积为东北、西南走向共10 000hm²,以绣惠、宁家埠、枣园、龙山4个街道的2000hm²标准化种植基地为核心,带动周边枣园、宁家埠、龙山等7个镇街规模化发展,其中绣惠女郎山66.7hm²为精品示范区。在地方政府的持续推动下,章丘大葱常年种植面积保持在6667hm²左右(2016年曾达到8000hm²),年产量达到60万t,实现年产值7亿多元;不断研创出"绣惠""万新""鑫振丰"等品牌产品,成为章丘农业的支柱产业。

1. 大葱品种和作物生长期

章丘大葱从形态上可以分为两个品种:'大梧桐'和'气煞风'。大田生产中一般选用优质、高产的'大梧桐'品种。章丘大葱生育期及气候条件见表7.1。大葱生长过程主要分为播种育苗期、移栽缓苗期和生殖生长期。大葱分春播和秋播。春播3月上旬开始,秋播10月上旬最佳。章丘大葱种植以秋播为主,因为秋播苗生长期长,在冬前幼苗大小适宜,冬季抗低温霜冻能力强;翌年6月,停水控苗,准备移栽,移栽的时间在麦收后越早越好;立秋后大葱进入旺盛生长期,8月下旬至10月上旬,大葱需水肥最多;章丘大葱一般在小雪前后收获。

表7.1 章丘大葱各生育期气候条件

生长阶段	月份	气温(℃)	光照时间(h)	降水量(mm)
播种期	10	16.2	194.3	31.5

续表

生长阶段	月份	气温（℃）	光照时间（h）	降水量（mm）
幼苗生长前期	11	7.1	166.7	16.5
	12	0.3	152.0	5.9
	1	−1.9	156.7	4.9
	2	1.4	159.3	8.6
幼苗生长后期	3	7.4	195.3	14.2
	4	15.2	231.0	31.9
	5	20.9	251.0	62.2
移栽期	6	25.8	225.6	79.3
生殖生长期	7	26.9	188.6	164.0
	8	25.4	193.9	150.8
	9	21.1	191.7	58.3
	10	15.2	194.3	31.5

数据来源：欧阳秋明，2012

大葱生长期较长，从播种到收获约 14 个月，需 406~420 天完成一个生长发育周期。从播种到长出第一片真叶为发芽期，发芽期最适温度为 13~25℃，需要 7℃以上的有效积温 140℃·d；自第一片真叶出现到定植为幼苗期，年前为幼苗生长前期，年后为幼苗生长后期；大葱生殖生长期，最适宜温度是 15~25℃。一般大葱幼苗生长期（10~12 月）、幼苗生长后期（1~6 月）、生殖生长期（7~10 月）对光照的要求分别为 597.5h、1375.3h 和 974.7h。

大葱怕涝不怕旱，以 4h 内雨水能渗排为优选地块。大葱种植期忌重茬，重茬减产，连作 3 年减产严重，近乎绝产。大葱要求中性土壤，适宜栽培的 pH 为 5.9~7.4。

2. 章丘灌溉情况

章丘水利条件优越，有绣江河、漯河、巴漏河等优质灌溉水源，地下水源充足，农田配套排灌设施完善，旱能浇、涝能排。

3. 章丘大葱产量和收益

章丘大葱常年种植面积保持在 6667hm² （约 10 万亩）左右，年产量达到 6 亿多千克，实现年产值 7 亿多元。

7.1.2 章丘大葱保险现状

2019 年，山东省创新出台了地方优势特色农产品保险以奖代补政策，对市、县自行开设的地方优势农产品险种按地方财政保费补贴的 50%~60%给予奖补。

目前，地方优势特色农产品保险已覆盖 83 个县（市、区），46 个险种，较好满足了不同地区农户风险保障需求。通过开设大蒜、大葱、马铃薯、生猪等 8 个特色农产品目标价格保险，为农户提供风险保障近 200 亿元。

1. 大葱的保险模式与政府补贴

章丘大葱价格指数保险由济南市政府与中国人民财产保险股份有限公司等 8 家保险公司实行联办保险，基本原则是政府引导、市场运作、自主自愿、协同推进。政府对于葱农缴纳的保费提供财政补贴，补贴比例详见表 7.2。

表 7.2　2015～2018 年章丘大葱价格指数保险保费缴费比例（%）

年份	省财政补贴	区财政补贴	投保人
2015	70	10	20
2016	70	10	20
2017	70	10	20
2018	35	25	40

资料来源：根据山东省政府文件整理

2018 年，章丘大葱价格指数保险开始由试点转为常规工作，按照《关于印发济南市章丘区农业产业发展若干政策（试行）的通知》的精神，葱农承担的 40% 保费全部由章丘区财政缴纳，做到了葱农参保 0 保费。

2. 大葱种植的政策激励

为推动章丘大葱由分散种植为主向规模种植为主转变，章丘制定了大葱种植大户（不含农民专业合作社）重点扶持奖励政策。该区以种植主体施用放心农药肥料为前提，以种植主体目标价格保险投保面积为基准，10 亩以下奖励 100 元/(亩·a)，10(含)～20 亩奖励 200 元/(亩·a)，20(含)～30 亩奖励 250 元/(亩·a)，30 亩(含)以上奖励 300 元/(亩·a)，连续扶持 3 年。2018 年，章丘单季大葱种植面积由 2.5 万亩发展到 5 万亩以上，2019 年达到 7 万亩左右，2020 年达到 10 万亩左右。对绣惠、宁家埠、枣园、龙山、刁镇等大葱主产镇街完成年度规模拓展任务的，每年分别奖励当地政府（办事处）30 万元，连续扶持 3 年。

章丘大葱目标价格保险试点工作开展以来，章丘大葱购销两旺，价格坚实，避免了往年的低价倾销，纯收入达 3000 元/亩以上，章丘区参保葱农累计获赔 1600 万元以上。

7.2　资料与数据收集

采用山东章丘气象站 1960～2019 年 60 年的 7～10 月月降水量，资料来源于中国气象局；1960～2005年暴雨涝灾数据来源于山东省省情资料库；章丘大葱受灾数据，来自官方媒体报道；研究中的气候态取1981～2010年30年平均值。

7.3 农业生产关联的气象风险识别与分析

7.3.1 章丘的气候和主要灾害

章丘是山东省济南市市辖区，位于济南市东部，地处36°25′～37°09′N，117°10′～117°35′E。章丘地势处于山区、丘陵、平原，南高北低，黄河流经北境。章丘属暖温带半湿润大陆性季风气候，四季分明，雨热同季。

章丘地处中纬度，境内属暖温带季风区中的大陆性气候。夏秋季受东南季风影响，雨水较多，洪涝灾害频繁；春季和初夏受西北高压控制，气候干燥多风，旱灾较多。春旱、秋涝、晚秋旱是境内气候的主要特点。年均日照2647.6h，日照率60%；年均气温12.8℃；年降水量600.8mm，一般为500～700mm。因受地势影响，季风性气候不明显，除5月以静风、西南风为主导风向，其他月份以静风及东南风为主导风向，相对湿度为65%。无霜期192天，一般在167～218天。

章丘自然灾害主要有冰雹、旱涝、霜冻、干热风、低温、雷击等。1960～2005年章丘主要涝灾发生情况见表7.3，发生严重涝灾的年份有1964年、1990年、1992年、1994年、1996年、1997年、1998年、2003年、2004年和2005年。

表7.3 1960～2005年章丘严重涝灾

受灾年份	内容
1964	1964年7月28日一次暴雨，降水145.7mm，北部积水32万亩，其中22万亩庄稼绝产。倒塌房屋5万余间，伤亡70余人。暴雨中心有2个：一是南部山区，二是北部黄河一带。阎家峪、垛庄、文祖、普集、枣园、明水、黄河等乡（镇）居多，年均2次，多者3～4次，为造成夏季雨量由南向北递减和涝灾的主要原因
1990	累计平均降水量911.9mm，仅次于发生涝灾的1964年。其中汛期（6～9月）降水达672.4mm。黄河、高官寨、相公庄等11个乡镇发生涝灾。受灾面积1.36万hm^2，成灾面积1.14万hm^2，其中绝产面积0.44万hm^2
1992	1992年8月29日至9月1日，因受16号热带风暴影响，全市出现特大暴雨灾害，最大风力8～9级，平均降雨量105.5mm。受灾面积3.65万hm^2，其中绝产0.7万hm^2，减产0.6亿kg，房屋损坏1876间，伤10人，死5人，直接损失5000多万元
1994	1994年6月29日，全市普降大到暴雨、大暴雨，其中垛庄镇降特大暴雨，中心降雨量300mm，导致山洪暴发，24个村4471户16 331人受灾，农作物受灾面积410hm^2，重灾面积200hm^2，绝产面积210hm^2，房屋倒塌650间，冲毁地堰35处，冲毁道路35km，冲垮1万m^{3}库容量塘坝4座，桥5座，直接经济损失450万元
1996	1996年，全市累计平均降水量658.8mm。其中，1～8月降水599.53mm。其降水有两个突出特点：一是降水集中，汛期（6～9月）共降水564.46mm，其中7月下旬至8月底降水373.03mm；二是暴雨强度大，7月24日，垛庄地区降水达166mm；8月4日下午，绣惠镇4h降水228mm，并伴有风雹等。由于暴雨集中，小清河顶托，积水时间长，加之风雹等灾害的发生，致使灾情严重。农作物受灾面积1.46万hm^2，成灾0.9万hm^2，倒塌房屋及损坏道路、输电、通信设施等总计损失达5745万元

续表

受灾年份	内容
1997	1997年，全市累计平均降水量689.7mm。汛期（6~9月）受11号台风影响，涝灾比较普遍。22个乡镇全部受灾，涉及720个村21万户75万人，农作物受灾面积6万hm²，绝产1.6万hm²，冲毁地堰1万m、土地193hm²，倒塌房屋850间，损坏房屋4万间，果树受损60%以上，刮倒线杆1300根，山体滑坡35处，被洪水冲走6人。总经济损失1.5亿元，其中农业直接经济损失1亿元
1998	1998年，全市累计平均降水量729mm。1~9月，共降水694mm，其中汛期（6~9月）降水519mm。虽然降水偏多，雨水相对集中，但由于准备工作充分，工程维修、河道清淤较好，灾情相对减轻，农作物受灾面积2666.67hm²
2003	2003年，全市累计平均降水量868mm。其中，8~9月，连续发生两次大的降水过程，尤其是9月4日凌晨，全市普降大到暴雨，至5日6时全市平均降水109mm，垛庄、文祖、官庄、阎家峪4乡镇降水量最大，平均降水142mm，4乡镇共有1200hm²农作物受灾，成灾833hm²，其中绝产24hm²，损坏倒塌房屋860间、蔬菜大棚40个，冲毁道路16.7km，倒塌地堰5.3万m，花椒受灾3万株，减产近5万kg
2004	2004年，全市累计平均降水量812mm。1~9月，共降水69次，汛期（6~9月）降水664mm，部分乡镇遭受不同程度的涝灾。其中，7月16~17日，在暴雨和冰雹袭击下，农作物受灾1080hm²，直接经济损失达1430万元。8月26~28日，暴雨，北部部分乡镇农作物受淹，受灾面积2800hm²，成灾2250hm²，直接经济损失达3000万元
2005	2005年，全市累计平均降水量772mm。1月至10月上旬，共降水53次，其中汛期（6~9月）降水量643mm。8月2日的一次降水过程，雨量分布不均，南部基本无雨，北部降雨较多，致使涝洼地区的黄河、高官寨、辛寨、宁家埠、白云湖等乡镇形成涝灾。农作物受灾面积达6466.67hm²，绝产333.33hm²，直接经济损失3500万元

资料来源：山东省省情资料库

7.3.2 章丘大葱主要气象风险

据查阅文献，章丘地区大葱栽培的风险为中等水平。县级减产范围平均为20%，减产最多为80%（如2003年、2007年、2016年和2019年）。种植户减产差异较大。章丘大葱种植的主要风险如下所述。

（1）暴雨洪涝：大葱耐旱不耐涝，暴雨和洪涝易造成积水，造成大葱根部腐烂。尤其在夏季8~10月，正值大葱生长旺季，如出现连续性大雨天气，地表积水1~2天，排水不畅，可能会造成大葱大面积绝产。

（2）低温冷害：10~11月≥0℃积温为620~740℃·d，大葱长势良好；当积温<620℃·d，影响葱苗的营养生长，不能形成壮苗。如春季回暖慢，直接影响葱苗生长。例如，2011年冬季降水偏多，尤其11月低温连阴雨天气影响，降水量达106mm，多于历年降水量，又遭遇持续的降温，2~4月平均气温持续偏低，大葱受冻，3月平均气温较历年偏低，大葱生长缓慢，品质和产量都受到了影响。

（3）病虫草害：大葱生长期易发生霜老病、紫斑病；害虫有葱蓟马、大葱潜叶蝇和葱蝇等。病虫害主要发生在播种育苗期的4~5月和大葱生殖生长期的8~10月。4月下旬至5月，气温回升到20℃左右，是葱苗生长旺盛时期，需要做好蓟马、潜叶蝇、葱蝇等害虫田间管理防治；大葱移栽后8月下旬至10月上旬进入旺长期，此时也是需肥水临界期，应预防大葱紫斑病发生。如喷药不及时，病斑就会从叶尖或花梗中部开始，几天后即可蔓延至下部。

7.3.3　章丘大葱各生长阶段的主要灾害风险暴露

（1）播种期：10月，主要风险是连阴雨、寡照；
（2）幼苗生长前期：11月至翌年2月，主要风险是低温、连阴雨；
（3）幼苗生长后期：4月下旬至5月，气温回升到20℃左右，主要风险是病虫害（蓟马、潜叶蝇、葱蝇等害虫）；
（4）移栽期、生殖生长期：8~10月，大葱生长旺季，主要风险是连续性大雨、暴雨和洪涝易造成积水，使土壤微生物和根系都处于缺氧状态，易产生有毒物质，造成根部腐烂。

7.4　天气指数构建与模型建立

7.4.1　基于降水距平百分比的旱涝指数

采用中国气象局提出的降水距平百分比确定旱涝级别。降水距平百分比（P_a）反映某时段降水与同期平均状态的偏离程度，评估降水量异常引起的旱涝。

$$P_a = \frac{P - \overline{P}}{\overline{P}} \tag{7-1}$$

式中，P为某时段降水量；$\overline{P}$为计算时段同期平均（多年平均）降水量，

$$\overline{P} = \frac{1}{n}\sum_{i=1}^{n} P_i \tag{7-2}$$

式中，$n=30$年，选取1981~2010年共30年逐日降水资料，即取气候态1981~2010年7~10月累计降水量的平均值，为章丘大葱适宜性降水量。

7.4.2　基于信息扩散理论的旱涝风险估计

信息扩散理论是为弥补信息不足而对样本进行集值化的模糊数学处理法。信息扩散方法将一个分明值样本点，变成一个模糊集。设灾害指数论域为

$$U = \{u_1, u_2, \cdots, u_m\} \tag{7-3}$$

一个单观测样本点x依式（7-3）将其所携带的信息扩散给U中的所有点。

第7章 山东省章丘区大葱天气指数保险产品研发指引 | 89

$$f(u_j) = \frac{1}{h\sqrt{2\pi}} \exp{-\frac{(x-u_j)^2}{2h^2}} \tag{7-4}$$

式中，h 为扩散系数。可根据样本最大值 b 和最小值 a 及样本点个数 n 确定。公式为

$$h = \begin{cases} 0.8146(b-a) & n=5; \\ 0.5690(b-a) & n=6 \\ 0.4560(b-a) & n=7 \\ 0.3860(b-a) & n=8 \\ 0.3362(b-a) & n=9 \\ 0.2986(b-a) & n=10 \\ 2.6851(b-a)/(n-1) & n>10 \end{cases} \tag{7-5}$$

$$C_i = \sum_{j=1}^{m} f_i(u_j) \tag{7-6}$$

相应模糊子集隶属函数：

$$\mu_{x_i}(u_j) = \frac{f_i(u_j)}{C_j} \tag{7-7}$$

称 $\mu_{x_i}(u_j)$ 为样本点 x_i 归一信息分布。对 $\mu_{x_i}(u_j)$ 进行处理，得到效果较好风险评估结果。当

$$q(u_j) = \sum_{i=1}^{n} \mu_{x_i}(u_j) \tag{7-8}$$

其物理意义是，由 $\{x_1,x_2,\cdots,x_n\}$ 经信息扩散推断出，如果灾害观测值只能取 $u_1,u_2,\cdots,u_m$ 中一个，在将 x_i 看作是样本点代表时，观测值为 μ_j 样本点个数 $q(u_j)$。显然 $q(u_j)$ 通常不是一个正整数，但一定是个不小于 0 的数，再令：

$$Q = \sum_{j=1}^{m} q(u_j) \tag{7-9}$$

Q 事实上就是各 μ_j 点上样本点数的总和，从理论上讲，必有 $Q=n$，但由于数值计算四舍五入的误差，Q 与 n 之间略有差别。易知

$$p(u_j) = \frac{q(u_j)}{Q} \tag{7-10}$$

样本点落在 μ_j 处的频率值，可作为概率的估计值。超越 μ_j 的概率值 $P(u \geq u_j)$ 是，

$$P(u \geqslant u_j) = \sum_{k=j}^{m} p(u_k) \quad (7\text{-}11)$$

本研究修订旱涝标准值域 0～10^2，用降水距平、旱涝标准分别除以 7～10 月平均降水量（大葱适宜降水量）。洪涝论域确定为

$$U = \{u_1, u_2, \cdots, u_{16}\} = \{0, 0.1, 0.2, \cdots, 1.5\} \quad (7\text{-}12)$$

依据这一论域计算超越风险概率。

7.4.3 基于洪涝论域的涝灾指数级别划分

用降水距平百分比确定的章丘发生涝灾的年份为 1961 年、1964 年、1973 年、1975 年、1978 年、1990 年、1995 年、2003～2005 年、2008 年、2010 年、2013 年和 2019 年。相应的涝害样本（P_a）为 0.6310、1.3191、0.5588、0.3458、0.3097、0.5660、0.3591、0.2358、0.5959、0.3599、0.4399、0.3267、0.3146、0.3047 和 0.8512。

利用涝害论域计算扩散系数为

$$h = 2.6851 \times (b\text{–}1)/(n\text{–}1) = 0.06 \quad b = 1.3191, n = 16$$

计算超越风险概率。对比山东省省情资料库中 1960～2005 年章丘区志涝害和强涝害发生年份，订正分析，如 1964 年、1969 年、1975 年、1982 年、1994 年、1995 年、1997 年、2003 年、2004 年和 2005 年（表 7.4），确定章丘区 $P_a \geqslant 0.3$ 为涝年，局地涝害风险概率为 0.5996；$P_a \geqslant 0.4$ 为涝害风险一级，概率为 0.4058；$P_a \geqslant 0.6$ 为涝害风险二级，概率为 0.1598；$P_a \geqslant 1.0$ 为特大涝害，概率为 0.0625。章丘 1960～2019 年历年涝害结果与山东省省情资料库中 1960～2005 年章丘区志涝害和强涝害发生年份见表 7.4。

表 7.4 章丘 1960～2019 年历年降水距平和涝灾等级

年份	$P-\overline{P}$	P_a	涝害等级	年份	$P-\overline{P}$	P_a	涝害等级	年份	$P-\overline{P}$	P_a	涝害等级
1960	−2.5	−0.01		1971	−50.7	−0.13		1982	−138.6	−0.34	
1961	255.3	0.63	二级	1972	80.1	0.20		1983	−89.3	−0.22	
1962	38.5	0.10		1973	226.1	0.56	一级	1984	−41.1	−0.10	
1963	72.2	0.18		1974	118.5	0.29		1985	37.9	0.09	
1964	533.7	1.32	特大	1975	139.9	0.35	涝年	1986	−121.2	−0.30	
1965	−219	−0.54		1976	78.8	0.19		1987	56.5	0.14	
1966	48.3	0.12		1977	−36.9	−0.09		1988	73.5	0.18	
1967	41.9	0.10		1978	125.3	0.31	涝年	1989	−272.6	−0.67	
1968	−179.9	−0.44		1979	−135.7	−0.34		1990	229	0.57	一级
1969	−12.4	−0.03		1980	−102.5	−0.25		1991	12.8	0.03	
1970	−15.3	−0.04		1981	−183.8	−0.45		1992	−94	−0.23	

续表

年份	$P-\bar{P}$	P_a	涝害等级	年份	$P-\bar{P}$	P_a	涝害等级	年份	$P-\bar{P}$	P_a	涝害等级
1993	16.2	0.04		2002	−252	−0.62		2011	45.5	0.11	
1994	39.8	0.10		2003	241.1	0.60	二级	2012	−11.6	−0.03	
1995	145.3	0.36	涝年	2004	145.6	0.36	涝年	2013	123.3	0.30	涝年
1996	95.4	0.24		2005	178	0.44	一级	2014	−275	−0.68	
1997	45.7	0.11		2006	−217.7	−0.54		2015	−23.1	−0.06	
1998	15.9	0.04		2007	90.9	0.22		2016	−0.4	0.00	
1999	−107.5	−0.27		2008	132.2	0.33	涝年	2017	−100.8	−0.25	
2000	38.1	0.09		2009	−41.9	−0.10		2018	112.7	0.28	
2001	−160.8	−0.40		2010	127.3	0.31	涝年	2019	344.4	0.85	二级

注：P 为 1960~2019 年 7~10 月降水量；$\bar{P}$ 为气候态 1981~2010 年 30 年 7~10 月降水量多年平均值，为章丘大葱适宜性降水量 404.6mm；P_a 为降水距平比

本产品应用基于索赔规模分布统计模型的天气指数保险定价方法。这种方法的优点是，可以得到在观测数据值范围之外的索赔的统计信息，并可以对极端事件发生的概率进行评估。

7.4.4 基于暴雨指数的涝灾风险

根据调研和灾情直报资料显示，章丘地区连续降水 3 天且过程总降水量超过 80mm 对大葱造成灾害。章丘地区 1960~2019 年连续降水超过 3 天，且降水量超过 80mm 的降水过程次数如图 7.1 所示。

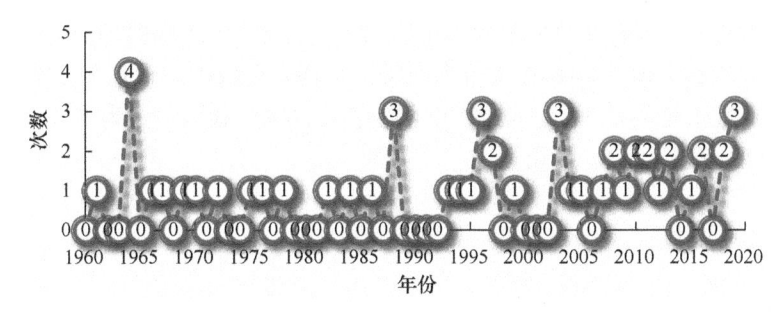

图 7.1 章丘 1960~2019 年连续 3 日降水且累计降水量超过 80mm 过程次数

对比表 7.4 的涝灾等级和章丘涝害发生年份，可见章丘地区持续降水 3 天以上，且 3 天降水总量大于 80mm 的年份涵盖了降水致灾范围。章丘大葱暴雨涝害结果验证如表 7.5 所示。

表 7.5　章丘大葱暴雨涝害典型年份与灾情

暴雨洪涝（年.月.日）	地点	减产或损失程度	灾害级别	受涝区过程降水量
2003.10.10～2003.10.12	枣园镇	减产三成大葱受损面积千亩以上	涝灾二级	84.7mm
2007.8.16～2007.8.18	章丘全区	大葱减产严重	涝年	123.6mm
2013.10.2	绣惠镇王金村	近半绝产	涝年	局地强降水
2016.6.13～2016.6.15	北部地区	间接影响大葱受损面积 1200 亩	涝年	90.6mm
2019.8.10～2019.8.14	章丘全区	章丘大葱受灾近万亩	二级	488.4mm

7.4.5　章丘大葱涝灾指数

通过实地调研、文献查阅和资料分析，降水过多、大风、高温、低温等均与蔬菜的产量和品质关系密切。鉴于章丘大葱生产周期长，考虑到章丘大葱种植受损主要是强降水导致的农田受淹，同时与其他灾害相比，有较为充足的灾情历史记录，因此选取涝灾作为保险的天气指数。

7.5　涝灾指数保险费率厘定与保费

7.5.1　费率厘定

根据章丘近 30 年的气象数据及各区蔬菜种植面积及未来规划，平滑整体的赔付水平，避免出现断崖式赔付的情况发生，最终确定保险理赔触发条件如下：

（1）基于连续降水的涝灾指数 I，即连续 3 日降水量≥80mm；

（2）基于大葱生殖生长期（7～10 月）降水量距平的涝灾指数 II，即 7～10 月降水量超 560mm，即降水距平≥0.4（涝害一级），超出气候态（404.6mm）约 160mm。

保险金额参考前 5 年章丘大葱生产每亩平均完全成本，设定为 5500 元/亩。假设安全系数值定为 15%，营业费用系数定为 20%，利润率定为 5%，设定保险费率为 8%，保费为 440 元/亩。

7.5.2　赔付设计

按照涝灾指数 I、涝灾指数 II 分别计算各个指数对应的赔偿金额。任意一个指数达到赔付条件可启动赔付。如果 2 个指数均达到赔付条件，可选择按最大赔付的指数进行赔付，不累加。

（1）涝灾指数 I：保险期间，连续 3 日降水量超 80mm 启动赔付，降水量达到 240mm 达到最大赔付 4400 元/亩。大葱保险期间内发生多次因降水量达到触发条件的保险事故，每发生一次连续 3 天降水超 80mm，保险公司按照约定理赔一次，累计赔付不超过 4400 元/亩。具体赔付额见式（7-13）。

$$赔付金额 = \begin{cases} 80 + (洪涝指数I - 80) \times 24 & 80 \leq 洪涝指数I < 160 \\ 2000 + (洪涝指数I - 160) \times 30 & 160 \leq 洪涝指数I < 240 \\ 4400 & 洪涝指数I \geq 240 \end{cases} \quad (7\text{-}13)$$

（2）涝灾指数 II：保险期间，7～10 月累计降水量超过 560mm 启动赔付，累计降水量达到 800mm 达到最大赔付 4400 元/亩。具体赔付额见式（7-14）。

$$赔付金额 = \begin{cases} 50 + (洪涝指数II - 560) \times 15 & 560 \leq 洪涝指数II < 650 \\ 1400 + (洪涝指数II - 650) \times 20 & 650 \leq 洪涝指数II < 800 \\ 4400 & 洪涝指数II \geq 800 \end{cases} \quad (7\text{-}14)$$

7.6 山东省章丘区大葱涝灾指数保险条款设计

总　则

第一条　本保险合同由保险条款、投保单、保险单或其他保险凭证以及批单组成。凡涉及本保险合同的约定，均应采用书面形式。

第二条　本保险合同的被保险人必须在山东省济南市章丘从事大葱种植的种植户或种植企业。

保险标的

第三条　本保险合同的保险标的为被保险人在保险单中载明的投保地理区域内定植的生长和管理正常的大葱。

保险责任

第四条　在保险期间内，当保险大葱所在投保地理区域内遭遇本保险条款约定的涝害事件时，视为发生保险事故，保险人按照本保险合同的约定负责赔偿。

责任免除

第五条　下列原因造成的损失、费用，保险人不负责赔偿：

（一）战争、军事行动、恐怖行动、敌对行为、武装冲突、民间冲突、罢工、骚乱、暴动；

（二）行政行为或司法行为；

（三）他人的恶意破坏行为，或投保人及其家庭成员、被保险人及其家庭成员、投保人或被保险人雇用人员的故意或重大过失行为、管理不善；

（四）核辐射、核裂变、核聚变、核污染及其他放射性污染；

（五）种子、肥料、农药等存在质量问题或违反技术要求应用种子、肥料、农药等；

（六）未经当地农业技术部门许可，盲目引进新品种，采用不成熟的新技术或管理措施失误（含误用农药）。

第六条　下列损失、费用，保险人也不负责赔偿：

（一）因本合同设置以外的原因导致保险章丘大葱的损失；

（二）未达到本保险合同约定的气象灾害事件标准情况下的损失；

（三）被保险人的各种间接损失；

（四）根据本条款其他部分内容中的相关约定，保险人应不承担或免除保险责任的各种情形下的损失、费用或责任，或保险人有权予以扣除、减少的部分。

第七条　其他不属于本保险责任范围的损失、费用，保险人也不负责赔偿。

保险期间

第八条　本保险合同的保险期间为 7 月 1 日零时起至 10 月 31 日二十四时止，在保险单中载明。

保险金额

第九条　大葱每亩保险金额参照生产全成本，设定为 5500 元/亩，投保人可根据实际种植成本或市场价值选择投保份数，并在保险单中载明。

保险金额（元）=每亩保险金额（元）×保险面积（亩）

保险面积以保险单载明为准。

保　　费

第十条　每亩保费为 440 元。

保费=保险金额×保险费率

保险费率 8%。

保险人义务

第十一条　订立本保险合同时，采用保险人提供的格式条款的，保险人向投保人提供的投保单应当附格式条款，保险人应向投保人说明本保险合同的条款内容。对保险合同中免除保险人责任的条款，保险人在订立保险合同时应当在投保单、保险单或者其他保险凭证上作出足以引起投保人注意的提示，并对该条款的内容以书面或者口头形式向投保人作出明确说明。未作提示或者明确说明的，该条款不产生效力。

第十二条　本保险合同成立后，保险人应当及时向投保人签发保险单或其他保险凭证。

第十三条　保险人依据本保险条款所取得的保险合同解除权，自保险人知道有解除事由之日起，超过三十日不行使而消灭。保险人在保险合同订立时已经知道投保人未如实告知的情况的，保险人不得解除保险合同；发生保险事故的，保险人应当承担赔偿责任。

第十四条　保险人按照本保险条款的约定，认为被保险人提供的有关索赔的证明和资料不完整的，应当及时一次性通知被保险人补充提供。

第十五条　保险人收到被保险人的赔偿请求后，应当及时就是否属于保险责任作出核定，并将核定结果通知被保险人。情形复杂的，保险人在收到被保险人的赔偿请求后三十日内未能核定保险责任的，保险人与被保险人根据实际情形商议合理期间，保险人在商定的期间内作出核定结果并通知被保险人。对属于保险责任的，在与被保险人达成有关赔偿金额的协议后十日内，履行赔偿义务。

保险人依照前款的约定作出核定后，对不属于保险责任的，应当自作出核定之日起三日内向被保险人发出拒绝赔偿保险金通知书，并说明理由。

投保人、被保险人义务

第十六条　投保人应履行如实告知义务，如实回答保险人就保险章丘大葱或被保险人的有关情况提出的询问，并如实填写投保单。

投保人故意或者因重大过失未履行前款规定的如实告知义务，足以影响保险人决定是否同意承保或者提高保险费率的，保险人有权解除保险合同。保险合同自保险人的解约通知书到达投保人或被保险人时解除。

投保人故意不履行如实告知义务的，保险人对于保险合同解除前发生的保险事故，不承担赔偿责任，并不退还保费。

投保人因重大过失未履行如实告知义务，对保险事故的发生有严重影响的，保险人对于保险合同解除前发生的保险事故，不承担赔偿责任，但应当退还保费。

第十七条　除另有约定外，投保人应在保险合同成立时交清保费。保费缴清前发生的保险事故，保险人不承担赔偿责任。

第十八条　保险章丘大葱转让的，被保险人或者受让人应当及时通知保险人。

第十九条　被保险人向保险人请求赔偿时，应向保险人提供下列证明和资料：

（一）保险单正本或保险凭证；

（二）索赔申请书。

被保险人未履行前款约定的义务，导致保险人无法核实损失情况的，保险人对无法核实的部分不承担赔偿责任。

第二十条　被保险人在请求赔偿时应当如实向保险人说明与受损保险章丘大葱有关的其他保险合同的情况。

赔付处理

第二十一条　保险事故发生时，被保险人对保险章丘大葱不具有保险利益的，不得向保险人请求赔偿保险金。

第二十二条　在保险单约定的投保地理区域内，保险章丘大葱发生保险责任范围内的损失，保险人按以下方式计算赔偿：

（一）投保人和保险人一致同意，投保地理区域内以本保险合同约定的章丘气象站（代码 54727）作为最佳气象站，并且以上述气象站观测的气象数据作为确定为灾害事故的依据，其他任何气象站观测的气象数据不得作为认定相应事件的依据。

根据保险期间内的降水对应的赔偿标准来衡量其造成保险章丘大葱的损失是基于历史经验对实际损失的最佳估计，是双方都认可的合理、有效的损失计算方法。用该方法计算的损失和赔款，可能高于被保险人的实际损失，也可能低于被保险人的实际损失。投保人和保险人一致同意，无论实际损失如何，最终赔偿金额均根据本保险合同约定的涝害事件对应的赔偿计算标准确定。

（二）赔偿计算公式如下：

保险大葱发生保险责任范围内的损失，保险人根据保险单约定的气象观测站点数据，按照以下 2 个涝灾指数分别计算各个指数对应的赔偿金额。任意一个指数达到赔付条件可启动赔付。如果 2 个指数均达到赔付条件，可选择按最大赔付的指数进行赔付，不累加。

总赔付金额=投保面积×每亩赔偿金额

涝灾指数 I：保险期间，连续 3 日降水量超 80mm 启动赔付，降水量达到 240mm 达到最大赔付 4400 元/亩。大葱保险期间内发生多次因降水量达到触发条件的保险事故，每发生一次连续 3 日降水超 80mm，保险公司按照约定理赔一次，累计赔付不超过 4400 元/亩。具体赔付额参照表 7.6。

表 7.6　涝灾指数 I 赔偿金额标准

涝灾指数 I：连续 3 日降水量（mm）	赔偿金额（元/亩）
80～160	80+(连续 3 日降水量−80)×24
160～240	2000+(连续 3 日降水量−160)×30
≥240	4400

涝灾指数 II：保险期间，7～10 月累计降水量超过 560mm 启动赔付，累计降水量达到 800mm 达到最大赔付 4400 元/亩。具体赔付额参见表 7.7。

表 7.7　涝灾指数 II 赔偿金额标准

涝灾指数 II：7～10 月累计降水量（mm）	赔偿金额（元/亩）
560～650	50+(7～10 月累计降水量−560)×15
650～800	1400+(连续 3 日降水量−650)×20
≥800	4400

争议处理

第二十三条　因履行本保险合同发生的争议，由当事人协商解决。协商不成的，提交保险合同载明的仲裁机构仲裁；保险合同未载明仲裁机构或者争议发生后未达成仲裁协议的，依法向人民法院起诉。

第二十四条　与本保险合同有关的以及履行本保险合同产生的一切争议，适用中华人民共和国法律（不适合港澳台地区相关规定）。

其他事项

第二十五条　本保险合同自成立时起生效。

第二十六条　保险责任开始前，投保人要求解除保险合同的，保险人将已收取的保费退还投保人；保险责任开始后，投保人要求解除保险合同的，保险人对保险责任开始之日起至保险合同解除之日止期间的保费，按日比例计收，剩余部分退还投保人。

除另有约定外，保险人要求解除保险合同的，应提前十五日向投保人发出解约通知书，保险人按照保险责任开始之日起至保险合同解除之日止期间与保险期间的日比例计收保费，并退还剩余部分保费。

但在保险合同有效期内，投保人、保险人均不得因保险章丘大葱的受灾程度发生变化增加保费或者解除本保险合同。

第二十七条　保险章丘大葱发生全部损失，属于保险责任的，保险人在履行赔偿义务后，本保险合同终止；不属于保险责任的，本保险合同终止，保险人按日比例计收自保险责任开始之日起至损失发生之日止期间的保费，并退还剩余部分保费。

第8章 河北省宽城满族自治县苹果天气指数保险产品研发指引

8.1 标的确定

8.1.1 河北苹果种植现状

1985～1990年，河北省苹果栽培面积迅速扩大。这主要得益于1985年国家对水果市场放开、价格随行就市和多渠道流通的政策，苹果市场价格上升而且供不应求，农民生产苹果的热情很高，苹果园面积迅速扩大。进入20世纪90年代后，苹果果园面积增长趋缓，但1992～1995年增长迅速，由1992年的2.317万hm^{2}增加至1995年3.983万hm^2，年均增长23.97%，达到历史最高水平，成为第二个发展高峰。1996年后全国苹果生产进入调整阶段，河北省为适应产业调整，在非适宜区减少苹果栽培面积，同时缩减适宜区内的非适宜品种及管理技术落后、经济效益低下地区的果园，从而使得苹果栽培面积持续下降。

8.1.2 河北宽城满族自治县苹果种植现状

宽城满族自治县（简称宽城县，40°17′～40°45′N，118°10′～119°10′E）为河北省承德市下辖自治县，位于河北省东北部，承德市东南部，西近京津，东临渤海。宽城地处燕山山脉东段，平均海拔300～400m。宽城属暖温带半干旱半湿润大陆性季风型燕山山地气候，其特点是四季分明，雨热同季；夏季多偏南风，炎热多雨；春季寒暖适中，秋季天高气爽；冬季多偏北风，寒冷干燥；光照充足，昼夜温差大。

宽城县苹果1981～1991年种植面积较少且变化较平稳，基本在600～700hm^2；1992～1995年种植面积呈较高水平，在5000hm^{2}左右；1996年种植面积减少，1996～2006年种植面积比较平稳，基本在2000～3000hm^2；2009～2015年种植面积又呈迅速增长阶段，由2009年5933hm^{2}增长到2015年8800hm^2。

宽城县苹果总产量1981～1984年稳定在一个较低的水平；1985～1995年呈波动式增长，1995年达到23 149t；1996年产量下降到5500t，1996～2006年总产量呈比较平稳的变化；2009～2015年总产量呈迅速增长阶段，由2009年的19 139t增长到2015年的33 000t。由于种植面积和总产量的变化，1985～1991年宽城县苹果单产波动范围较大，且均呈一个较高值，高于其他年份的单产（图8.1）。

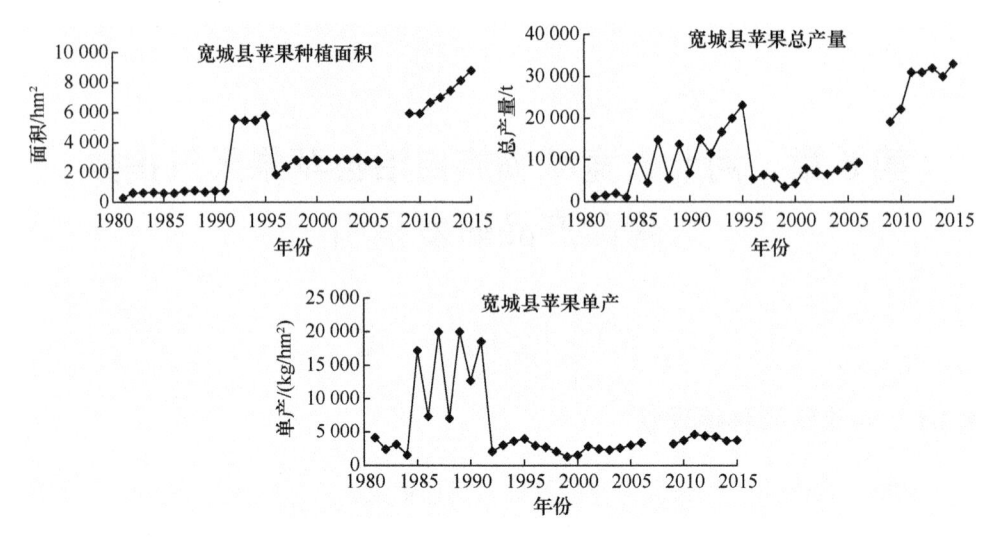

图 8.1　1981～2015 年宽城县苹果种植面积、总产量、单产变化图

8.2　资料与数据收集

8.2.1　数据及处理

河北省宽城县 1981～2015 年苹果种植面积、总产量数据来自当地果业局；1992～2015 年宽城县逐日气象数据（包括逐日降水量、最高气温、最低气温、平均气温、平均风速、相对湿度等），来自中国气象局。

如果数据缺失，无法利用滑动平均等方法分离产量，就需要对缺测数据进行填补。对 2007 年、2008 年两年缺测数据的处理采用缺测数据前后各 5 年，即 2002～2006 年和 2009～2013 年共 10 年的平均值对缺测数据进行填补。通过处理得到 2007 年、2008 年的单产为 3407.40kg/hm^2。这样得到的数据存在一定的误差，因此分析中避免对 2007 年、2008 年产量数据的针对性分析。

8.2.2　产量分离方法的选择

1. 年滑动平均

滑动平均模拟方法，常用的计算公式为

$$\bar{y}_t = \frac{1}{2k+1} \sum_{i=-k}^{k} y_{t+i} \quad (8\text{-}1)$$

式中，$\bar{y}_t$ 为用滑动平均模拟法计算得到第 t 年的趋势产量；y_t 为第 t 年的实际平均单产；$2k+1$ 为滑动年数，常用的滑动时段长度有 3 年、5 年、7 年、9 年等。

3 年滑动平均模拟法公式为

$$\text{首项：} \bar{y}_1 = (5y_1 + 2y_2 - y_3)/6 \tag{8-2}$$

$$\text{中间项：} \bar{y}_i = (y_{i-1} + y_i + y_{i+1})/3 \quad i = 2,\cdots,n-1 \tag{8-3}$$

$$\text{末项：} \bar{y}_n = (-y_{n-2} + 2y_{n-1} + 5y_n)/6 \tag{8-4}$$

2. 5 年滑动平均

5 年滑动平均模拟法公式为

$$\text{首项：} \bar{y}_1 = (3y_1 + 2y_2 + y_3 - y_5)/5 \tag{8-5}$$

$$\text{第二项：} \bar{y}_2 = (4y_1 + 3y_2 + 2y_3 + y_4)/10 \tag{8-6}$$

$$\text{中间项：} \bar{y}_i = (y_{i-2} + y_{i-1} + y_i + y_{i+1} + y_{i+2})/5 \quad i = 3,\cdots,n-2 \tag{8-7}$$

$$\text{末数第二项：} \bar{y}_{n-1} = (-y_{n-3} + 2y_{n-2} + 3y_{n-1} + 4y_n)/10 \tag{8-8}$$

$$\text{末项：} \bar{y}_n = (-y_{n-4} + y_{n-2} + 2y_{n-1} + 3y_n)/5 \tag{8-9}$$

3. 直线滑动平均

直线滑动平均模拟法是一种直线回归与滑动平均相结合的模拟方法。它将产量时间序列某个时段的产量趋势看作一条直线，而以滑动时段的趋势直线不断改变位置来反映产量趋势的连续变化。

这种方法首先是确定滑动时段的长度 k，使得 k 小于样本长度 N，用最小二乘法可分别建立各滑动时段直线线段方程：

$$y_i = a_i + b_i(t) \quad i = 1,2,3,\cdots,N-k+1 \tag{8-10}$$

式中，i 为直线线段的序号；t 为年份序号。

当 $i=1$ 时，$t=1, 2, \cdots, k$；

当 $i=2$ 时，$t=2, 3, \cdots, k+1$；

⋮

当 $i=n-k+1$ 时，$t=N-k+1, N-k+2, \cdots, N$

计算出各个方程在 t 点上的函数值 $y_i(t)$，在 t 点上共有 q_t 个函数值，可求算 t 点上 q_t 个函数值的平均值：

$$\bar{y}_i(t) = \frac{1}{q_t}\sum_{j=1}^{q_t} y_j(t) \quad j = 1,2,\cdots,q_t \tag{8-11}$$

式中，$\bar{y}_i(t)$ 为第 t 年的直线滑动平均值，即作为 t 年的趋势产量，运用 $y=y_t + y_w$（y 为实际产量；y_t 为趋势产量；y_w 为气象产量）可分离出各年的气象产量，一般

k 可取 5、7、10 等。

4. 二次曲线方法

趋势产量采用二次曲线方法模拟，即

$$Y_t = aX^2 + bX + c \tag{8-12}$$

式中，Y_t 为年趋势产量（kg/hm²）；X 为时间序列；a、b 为模拟系数；c 为模拟常数。为分析气象因子对产量的影响，从实际产量中分离气象产量并计算。

$$Y_w = (Y_d - Y_t)/Y_t \times 100\% \tag{8-13}$$

式中，Y_w 为年相对气象产量（%）；Y_d 为年实际产量（kg/hm²）。

5. 三次曲线方法

趋势产量采用三次曲线方法模拟，即

$$Y_t = aX^3 + bX^2 + cX + d \tag{8-14}$$

式中，Y_t 为年趋势产量（kg/hm²）；X 为时间序列；a、b、c 为模拟系数；d 为模拟常数。

为分析气象因子对产量的影响，从实际产量中分离气象产量并计算。

$$Y_w = (Y_d - Y_t)/Y_t \times 100\% \tag{8-15}$$

式中，Y_w 为年相对气象产量（%）；Y_d 为年实际产量（kg/hm²）。

6. 直线滑动法

直线滑动法模拟公式为

$$Y_t = aX + b \tag{8-16}$$

式中，Y_t 为年趋势产量（kg/hm²）；X 为时间序列；a 为模拟系数；b 为模拟常数。

为分析气象因子对产量的影响，从实际产量中分离气象产量并计算，

$$Y_w = (Y_d - Y_t)/Y_t \times 100\% \tag{8-17}$$

式中，Y_w 为年相对气象产量（%）；Y_d 为年实际产量（kg/hm²）。

7. 差值百分率法

对单产做如下处理：

$$\Delta Y_i = (Y_i - Y_{i-1})/Y_{i-1} \times 100\% \tag{8-18}$$

式中，i 代表第 i 年；而 $i-1$ 代表第 i 年的前一年；ΔY_i 为第 i 年与第 $i-1$ 年的区域作物单产丰歉值（产量丰歉气象影响指数，也称为产量增减率）；Y_{i-1} 和 Y_i 分别为第 $i-1$ 年和第 i 年区域作物单产。

8.3 农业生产关联的气象风险识别与分析

8.3.1 生产风险分析

宽城县苹果种植的主要风险有霜冻、大风、干旱、冰雹、病虫害。其中霜冻和干旱为主要风险。

花期霜冻是指在苹果花期（一般在 4 月）出现最低气温低于 0℃的降温，苹果因受低温导致花蕾、花朵出现受冻症状，造成坐果率减少的现象。苹果花期冻害主要发生在 3~5 月。

苹果花期和幼果期如遇大风可能造成落花落果的风险。花期如遇大风还会影响传粉，使空气湿度降低，柱头变干，授粉困难。果实膨大期如遇大风暴雨天气，可能会使果树叶落、果落、枝折、根拔，冲走土壤，严重造成植株倒伏枯死。

干旱包括春旱、伏旱，新梢生长期干旱缺水会使新梢生长量不足，长、中梢减少，叶片生长受阻，落果增加，当年及下年产量锐减。果实膨大期土壤水分不足影响果实膨大，导致果实变小、品质变差、产量降低，严重时产生大量落果。

另外大雨造成的淹水也可能是风险因子，对苹果生产造成威胁。花期遇到 5 天以上连阴雨或阴雨过多，会影响授粉，受精不良，花药不裂，降低成花率，造成有花无果，使下年结果过多，出现大小年。果实膨大期出现长期连阴雨、寡照，影响果实增长，含糖量降低、品质变差。

8.3.2 减产率分析

1. 单产变化分析

1992~2015 年单产序列平均值为 3108.2kg/hm²，标准差为 870.7kg/hm²。如图 8.2 所示，12 个观测值（占总观测值的 50%）在平均值以下，有 4 个观测值（占总观测值的 16.7%）低于一个标准差。

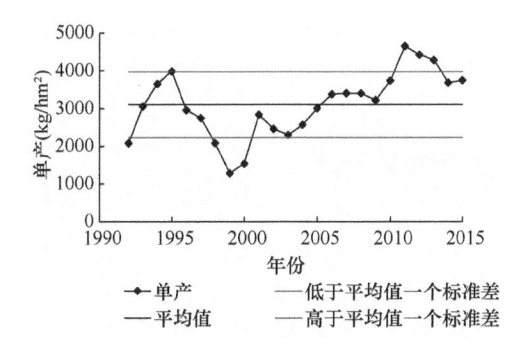

图 8.2 1992~2015 年河北宽城县苹果单产（彩图请扫封底二维码）

鉴于指数保险合同的对象包括了所有产量上的严重减产数据，这些指数保险合同应该针对的年份为1992年、1998年、1999年和2000年，这些低于一个标准差的年份。这些年份的平均单产约为 1750.1kg/hm²，低于平均值一个标准差（2237.5 kg/hm²）。

2. 相对气象产量变化分析

利用相对气象产量表示苹果减产率，在空间和时间上具有可比性。因此，通常采用相对气象产量表示气象因素对作物产量造成的影响。相对气象产量表示实际产量偏离趋势产量的波动幅度，可较好地描述气象因子对苹果单产的影响。相对气象产量的计算公式为

$$Y_m = \frac{Y_w}{Y_i} \times 100\% = \frac{Y_d - Y_i}{Y_i} \times 100\% = \left(\frac{Y_d}{Y_i} - 1\right) \times 100\% \tag{8-19}$$

式中，Y_m 为苹果减产率，即苹果相对气象产量。可以看出，当实际产量小于趋势产量时，相对气象产量则为负值，表示发生了气象灾害，导致苹果产量损失。

3年滑动平均法和直线模拟法，1999年、2000年低于平均值一个标准差；5年滑动平均法、5年直线滑动平均法、二次曲线法和三次曲线法均是在1992年、1999年、2000年低于平均值一个标准差；差值百分率法在1996年和1999年低于平均值一个标准差（图8.3）。

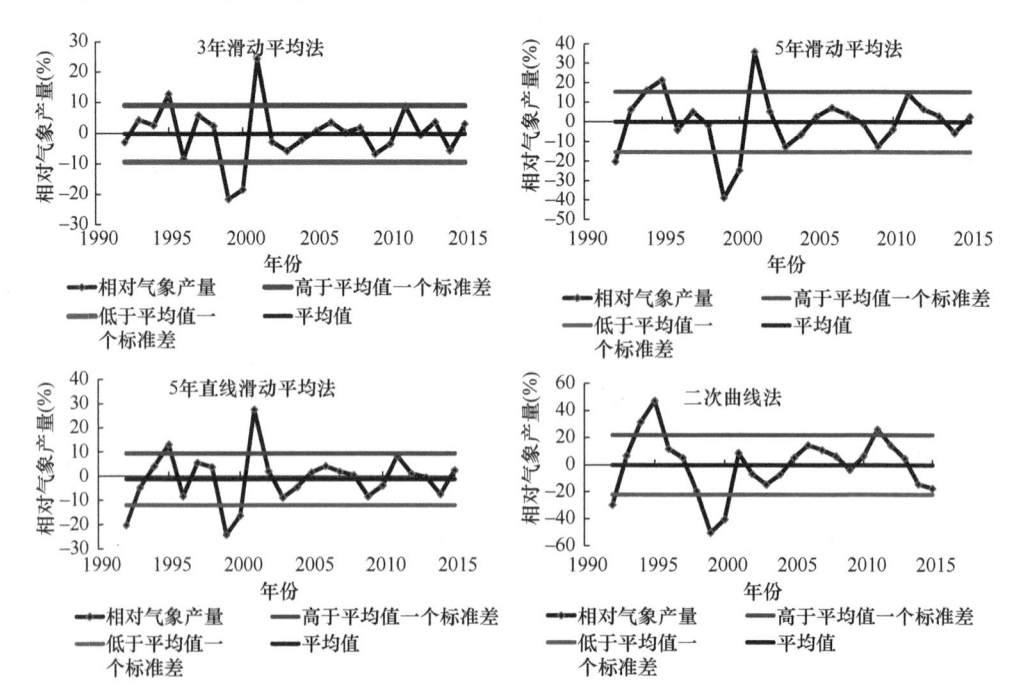

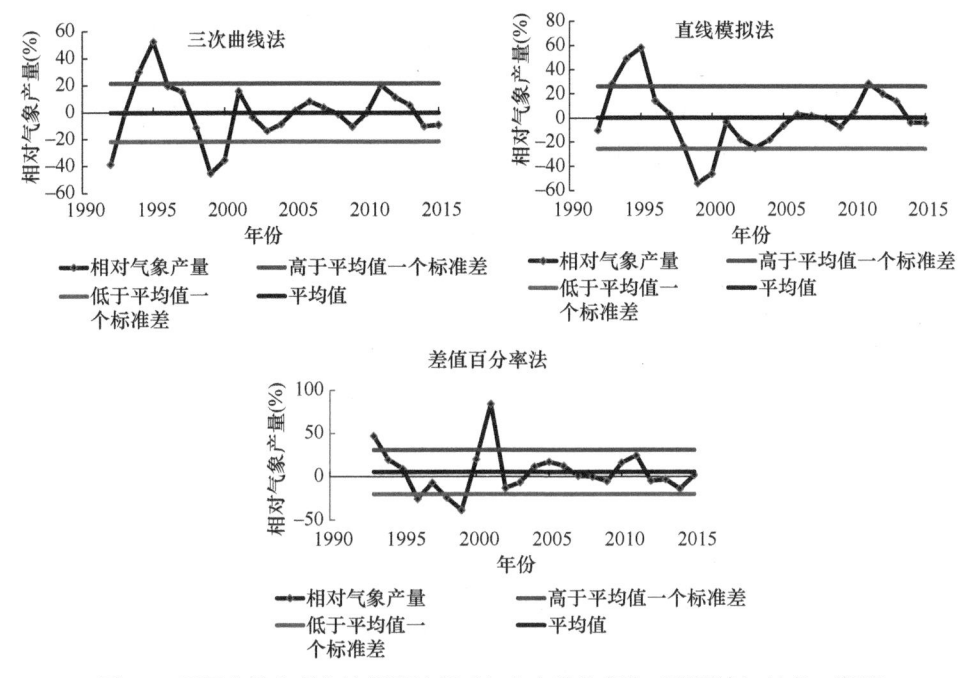

图 8.3　不同产量分离方法得到的相对气象产量的变化（彩图请扫封底二维码）

8.3.3　风险分析

1. 降水

图 8.4 显示了降水量的季节性分布。宽城县地处东亚季风影响区的北侧。降水的季节分配受季风影响很大，表现为夏湿和冬干。年降水量约为 600mm，主要集中在 7～8 月。

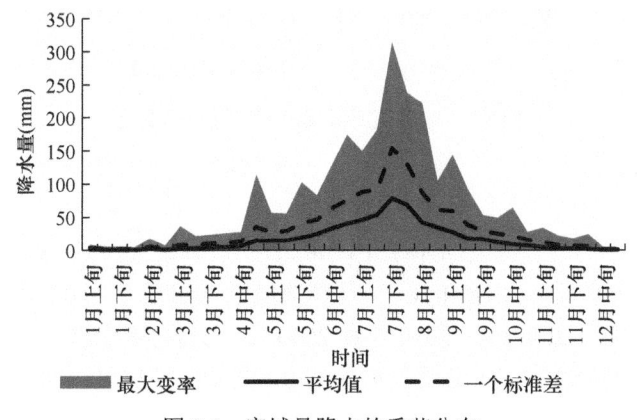

图 8.4　宽城县降水的季节分布

实线为 10 天的平均累计降水量。点线为 10 天平均降水量的一个标准差。阴影部分为最大变率的覆盖范围

为了设计天气指数保险合同，需要分析晚春和夏季的月降水量。由表 8.1 和图 8.5 看出，最大降水量一般发生在 7～8 月，主要集中在 7 月上旬到 8 月中旬。夏季（6～8 月）的降水变率最大，有时会出现极低的累计量。所以宽城县苹果主要风险是夏季干旱。如果这种降水分配模式不变的话，降水增长的趋势就预示着干旱的减轻。宽城县 6 月、7 月降水趋势呈增长趋势，但 8 月降水呈减少趋势，预示着干旱增强。

表 8.1 月累计降水量分析

月份	平均（mm）	标准差（mm）	最小值（mm）	最大值（mm）	趋势（mm/10a）
3	9.5	10.6	0	50.8	−2.61
4	25.5	23.1	0	123.2	−1.95
5	47.9	31.2	5	173.2	2.73
6	98.1	50.8	23.1	299.2	4.38
7	178.3	86.8	52.2	401.7	8.20
8	144.9	73.9	44.1	310.4	−23.78
9	61.2	39.5	4.4	183.2	0.85
10	27.5	17.8	2.8	72.9	5.34

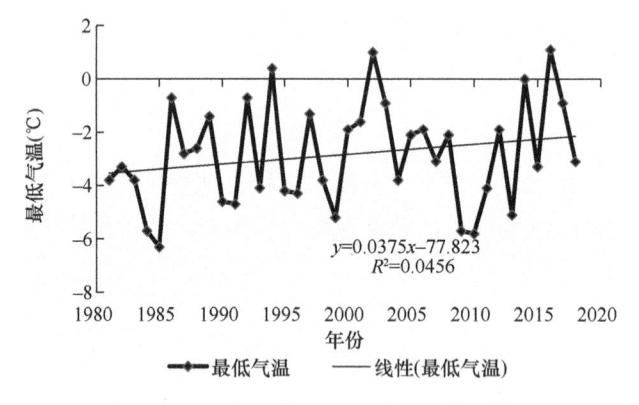

图 8.5 苹果花期极端最低气温年际变化

2. 气温

4～5 月出现的晚霜冻会给苹果生产带来很大风险，这个生长阶段苹果对低温很敏感。宽城县 1981～2018 年 4～5 月极端最低气温低于 −5.0℃ 出现在 1984 年、1985 年、1999 年、2009 年、2010 年和 2013 年，分别为 −5.7℃、−6.3℃、−5.2℃、−5.7℃、−5.8℃ 和 −5.1℃，均出现在 4 月上旬。图 8.6 为 1981～2020 年 4 月极端最低气温时间序列，4 月极端最低温度分析见表 8.2。

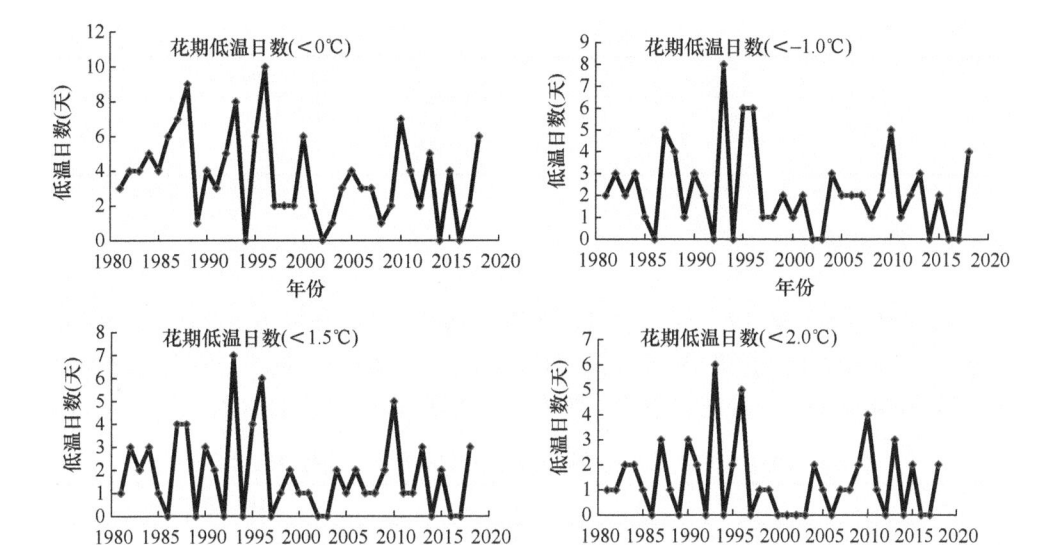

图 8.6　苹果花期低温日数

表 8.2　4 月极端最低温度分析

月份	平均值（℃）	标准差（℃）	最小值（℃）	最大值（℃）	趋势（℃/10a）
4	−2.84	1.95	−6.30	1.10	0.38

8.4　天气指数构建与模型建立

为了识别能够造成苹果花期冻害的指标，将花期冻害指数定义为：4 月至 5 月初，持续几日出现 0℃ 以下低温，或短时间出现 0℃ 以下极端低温。根据冻害风险分析结果，4~5 月当日最低气温低于 −7.0℃ 发生严重霜冻；当日最低气温低于 −4.0℃ 发生轻度霜冻。

8.5　花期冻害指数保险费率厘定与保费

8.5.1　赔付设计

4~5 月当日最低气温低于 −7.0℃ 发生严重霜冻；赔付金当日最低气温低于 −4.0℃ 发生轻度霜冻（表 8.3）。

表 8.3　晚霜冻指数（F）及其赔付

F（℃）	赔付金额
$F \geqslant -4$	0

续表

F（℃）	赔付金额
$-7 \leq F < -4$	$(-4-F) \times 140$
$F < -7$	420

8.5.2 费率厘定

设定晚霜冻指数（F）保险的保险金额为 700 元/亩，依据历史数据（表 8.4），则赔付值的期望值为 44.65 元/亩，即纯保费为 44.65 元/亩，花期冻害纯费率 R=44.65/700= 6.38%。晚霜冻指数与指数赔付金额历史回溯见图 8.7。

表 8.4　1981～2018 宽城县苹果全生育期实际晚霜冻指数及赔付金额

年份	F（℃）	赔付金额（元）
1981	−3.8	0
1982	−3.3	0
1983	−3.8	0
1984	−5.7	238
1985	−6.3	322
1986	−0.7	0
1987	−2.8	0
1988	−2.6	0
1989	−1.4	0
1990	−4.6	84
1991	−4.7	98
1992	−0.7	0
1993	−4.1	14
1994	0	0
1995	−4.2	28
1996	−4.3	42
1997	−1.3	0
1998	−3.8	0
1999	−5.2	168
2000	−1.9	0
2001	−1.6	0
2002	0	0
2003	−0.9	0
2004	−3.8	0
2005	−2.1	0

续表

年份	F（℃）	赔付金额（元）
2006	−1.9	0
2007	−3.1	0
2008	−2.1	0
2009	−5.7	238
2010	−5.8	252
2011	−4.1	14
2012	−1.9	0
2013	−5.1	154
2014	0	0
2015	−3.3	0
2017	−0.9	0
2018	−3.1	0

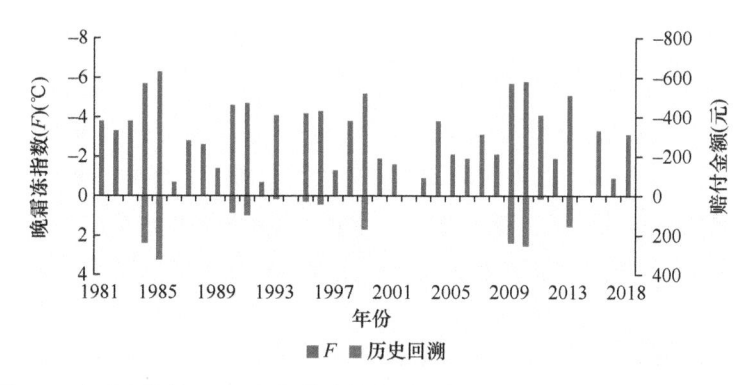

图 8.7　晚霜冻指数（F）与指数赔付金额历史回溯（彩图请扫封底二维码）

假设，安全系数值定为 15%，营业费用系数定为 20%，利润率定为 5%，得到苹果花期晚霜冻指数保险的毛费率为 9.65%，则苹果晚霜冻指数保险的实际保费为 67.56 元/亩。

8.6　河北省宽城县苹果花期冻害指数保险条款设计

总　　则

第一条　本保险合同由保险条款、投保单、保险单或其他保险凭证以及批单组成。凡涉及本保险合同的约定，均应采用书面形式。

第二条　本保险合同的被保险人必须在河北省宽城县从事苹果种植的种植户

或种植企业。

保险标的

第三条 本保险合同的保险标的为被保险人在保险单中载明的投保地理区域内定植的生长和管理正常的苹果。

保险责任

第四条 在保险期间内，当保险宽城苹果所在投保地理区域内遭遇本保险条款约定的晚霜冻事件时，视为发生保险事故，保险人按照本保险合同的约定负责赔偿。

责任免除

第五条 下列原因造成的损失、费用，保险人不负责赔偿：

（一）战争、军事行动、恐怖行动、敌对行为、武装冲突、民间冲突、罢工、骚乱、暴动；

（二）行政行为或司法行为；

（三）他人的恶意破坏行为，或投保人及其家庭成员、被保险人及其家庭成员、投保人或被保险人雇用人员的故意或重大过失行为、管理不善；

（四）核辐射、核裂变、核聚变、核污染及其他放射性污染；

（五）种子、肥料、农药等存在质量问题或违反技术要求应用种子、肥料、农药等；

（六）未经当地农业技术部门许可，盲目引进新品种，采用不成熟的新技术或管理措施失误（含误用农药）。

第六条 下列损失、费用，保险人也不负责赔偿：

（一）因本合同设置以外的原因导致保险宽城苹果的损失；

（二）未达到本保险合同约定的气象灾害事件标准情况下的损失；

（三）被保险人的各种间接损失；

（四）根据本条款其他部分内容中的相关约定，保险人应不承担或免除保险责任的各种情形下的损失、费用或责任，或保险人有权予以扣除、减少的部分。

第七条 其他不属于本保险责任范围的损失、费用，保险人也不负责赔偿。

保险期间

第八条 本保险合同的保险期间为4月1日零时起至5月31日二十四时止，

在保险单中载明。

保险金额

第九条 宽城苹果每亩保险金额参照历年最高可能损失 700 元/亩设定，投保人可根据实际种植成本或市场价值选择投保份数，并在保险单中载明。

保险金额（元）=每亩保险金额（元）×保险面积（亩）

保险面积以保险单载明为准。

保　费

第十条 每亩保费为 67.56 元。

保费=保险金额×保险费率

保险费率 9.65%。

保险人义务

第十一条 订立本保险合同时，采用保险人提供的格式条款的，保险人向投保人提供的投保单应当附格式条款，保险人应向投保人说明本保险合同的条款内容。对保险合同中免除保险人责任的条款，保险人在订立保险合同时应当在投保单、保险单或者其他保险凭证上作出足以引起投保人注意的提示，并对该条款的内容以书面或者口头形式向投保人作出明确说明。未作提示或者明确说明的，该条款不产生效力。

第十二条 本保险合同成立后，保险人应当及时向投保人签发保险单或其他保险凭证。

第十三条 保险人依据本保险条款所取得的保险合同解除权，自保险人知道有解除事由之日起，超过三十日不行使而消灭。保险人在保险合同订立时已经知道投保人未如实告知的情况的，保险人不得解除保险合同；发生保险事故的，保险人应当承担赔偿责任。

第十四条 保险人按照本保险条款的约定，认为被保险人提供的有关索赔的证明和资料不完整的，应当及时一次性通知被保险人补充提供。

第十五条 保险人收到被保险人的赔偿请求后，应当及时就是否属于保险责任作出核定，并将核定结果通知被保险人。情形复杂的，保险人在收到被保险人的赔偿请求后三十日内未能核定保险责任的，保险人与被保险人根据实际情形商议合理期间，保险人在商定的期间内作出核定结果并通知被保险人。对属于保险责任的，在与被保险人达成有关赔偿金额的协议后十日内，履行赔偿义务。

保险人依照前款的约定作出核定后，对不属于保险责任的，应当自作出核定之日起三日内向被保险人发出拒绝赔偿保险金通知书，并说明理由。

投保人、被保险人义务

第十六条　投保人应履行如实告知义务，如实回答保险人就保险宽城苹果或被保险人的有关情况提出的询问，并如实填写投保单。

投保人故意或者因重大过失未履行前款规定的如实告知义务，足以影响保险人决定是否同意承保或者提高保险费率的，保险人有权解除保险合同。保险合同自保险人的解约通知书到达投保人或被保险人时解除。

投保人故意不履行如实告知义务的，保险人对于保险合同解除前发生的保险事故，不承担赔偿责任，并不退还保费。

投保人因重大过失未履行如实告知义务，对保险事故的发生有严重影响的，保险人对于保险合同解除前发生的保险事故，不承担赔偿责任，但应当退还保费。

第十七条　除另有约定外，投保人应在保险合同成立时交清保费。保费缴清前发生的保险事故，保险人不承担赔偿责任。

第十八条　保险宽城苹果转让的，被保险人或者受让人应当及时通知保险人。

第十九条　被保险人向保险人请求赔偿时，应向保险人提供下列证明和资料：

（一）保险单正本或保险凭证；

（二）索赔申请书。

被保险人未履行前款约定的义务，导致保险人无法核实损失情况的，保险人对无法核实的部分不承担赔偿责任。

第二十条　被保险人在请求赔偿时应当如实向保险人说明与受损保险宽城苹果有关的其他保险合同的情况。

赔付处理

第二十一条　保险事故发生时，被保险人对保险宽城苹果不具有保险利益的，不得向保险人请求赔偿保险金。

第二十二条　在保险单约定的投保地理区域内，保险宽城苹果发生保险责任范围内的损失，保险人按以下方式计算赔偿：

（一）投保人和保险人一致同意，投保地理区域内以本保险合同约定的宽城气象站（代码54432）作为最佳气象站，并且以上述气象站观测的气象数据作为确定为灾害事故的依据，其他任何气象站观测的气象数据不得作为认定相应事件的依据。

根据保险期间内的冻害对应的赔偿标准来衡量其造成保险宽城苹果的损失是基于历史经验对实际损失的最佳估计，是双方都认可的合理、有效的损失计算方法。用该方法计算的损失和赔款，可能高于被保险人的实际损失，也可能低于被保险人的实际损失。投保人和保险人一致同意，无论实际损失如何，最终赔偿金额均根据本保险合同约定的晚霜冻事件对应的赔偿计算标准确定。

（二）赔偿计算公式如下：

保险苹果发生保险责任范围内的损失，保险人根据保险单约定的国家级气象观测站点数据，具体赔偿金额如下。

$$每亩赔付金额 = \begin{cases} 0 & F \geqslant -4℃ \\ (-4-F) \times 140 & -7℃ \leqslant F < -4℃ \\ 420 & F < -7℃ \end{cases}$$

晚霜冻指数 $F<-4℃$ 时，启动赔付；$F<-7℃$ 时，达到最大赔付。

争议处理

第二十三条　因履行本保险合同发生的争议，由当事人协商解决。协商不成的，提交保险合同载明的仲裁机构仲裁；保险合同未载明仲裁机构或者争议发生后未达成仲裁协议的，依法向人民法院起诉。

第二十四条　与本保险合同有关的以及履行本保险合同产生的一切争议，适用中华人民共和国法律（不适合港澳台地区相关规定）。

其他事项

第二十五条　本保险合同自成立时起生效。

第二十六条　保险责任开始前，投保人要求解除保险合同的，保险人将已收取的保费退还投保人；保险责任开始后，投保人要求解除保险合同的，保险人对保险责任开始之日起至保险合同解除之日止期间的保费，按日比例计收，剩余部分退还投保人。

除另有约定外，保险人要求解除保险合同的，应提前十五日向投保人发出解约通知书，保险人按照保险责任开始之日起至保险合同解除之日止期间与保险期间的日比例计收保费,并退还剩余部分保费。

但在保险合同有效期内,投保人、保险人均不得因保险宽城苹果的受灾程度发生变化增加保费或者解除本保险合同。

第二十七条 保险宽城苹果发生全部损失,属于保险责任的,保险人在履行赔偿义务后,本保险合同终止;不属于保险责任的,本保险合同终止,保险人按日比例计收自保险责任开始之日起至损失发生之日止期间的保费,并退还剩余部分保费。

第9章 陕西省米脂县苹果幼果期干旱指数保险产品研发指引

9.1 标的确定

陕西黄土高原地区是我国苹果主要产区之一，且以山地苹果为优质生产区域。米脂县位于陕西省榆林市黄土高原丘陵沟壑区，地处黄土高原腹部，是陕西省优质苹果基地县。米脂县海拔高、光照充足、昼夜温差大，对苹果糖分的累积与果实着色十分有利，并具有土层深厚、病虫危害少、无工业污染等特点。

米脂县平均海拔 1049.5m，最高海拔 1255.2m。气候类型为中温带半干旱性气候，全年降水量较少，气候干燥，日照充足，昼夜温差大。年平均气温 8.8℃，最高气温 38.2℃，最低气温–25.5℃，年积温（≥10℃）2790℃。无霜期 162 天，年平均日照时数为 2761h，年辐射总量达 587.1 kJ/cm^2。米脂县因常年降水量稀少，气候干燥，苹果不易滋生病虫害，因此防治病虫害的工作量小、污染较少，自然环境优越。该地黄土土层深厚，土壤质地疏松，具有很好的蓄水透气性，为适宜栽植苹果树的优质土壤类型。

随着陕西省苹果产业"北扩西进"战略的实施，山地苹果发展力度逐渐加大、布局不断优化、管理逐渐规范，对于人民脱贫致富，增强陕西省苹果市场竞争力有很好的促进作用。截至目前，榆林市山地苹果栽培面积达 5.3 万 hm^2，产量近 120 万 t，米脂县苹果种植面积已达 1.5 万 hm^2，占榆林市的 28%；产量近 10.5 万 t，占榆林市的 8.8%；产值近 5.4 亿元。苹果已成为米脂县当地经济发展的主要产业，并成为解决"三农"问题、改善生态环境、实现农业增效增收的支柱型产业。在未来，米脂县也将按照山地苹果产业的总体规划和部署，推进当地山地苹果实现由"面积扩张"向"提质增效"过渡。

9.2 资料与数据收集

目前，国内外对天气指数保险产品的设计和研发，主要采用统计数据建模方法。然而样本量不足和气候变量生物学意义不明确的问题是制约统计模型应用的主要问题。另外，在作物较长的生长期内，由于影响产量的气象因素较多，很难分离出特定阶段单因子气象灾害对作物生长和产量造成的损失。作物模型结合田间试验，将植物生理、农艺、土壤科学和农业气象的知识整合到模型，用数学模型描述生理生态、物理和化学过程，模拟和预测植物在特定环境和条件下的生长过程，反映作物对环境和管理因素的响应信息，能克服统计模型指标生物学意义解释性不强的缺点。天气灾害试验方法，能在控制条件下，分离出单个因子对产量的影响，能够量化产量损失的天气指数，缺点是费时费力，成本比较高。陕西米脂县苹果幼果期天气指数的构建，基于前人关于水分和苹果果实膨大之间关系的研究，提取苹果产量和水分数据，设计干旱指数，建立干旱指数和苹果产量损失定量关系模型，研发陕西米脂县苹果幼果期降水指数保险产品。产品设计涉及的主要数据与资料如下。

（1）气象数据。气象资料主要为陕西米脂气象站1981~2020年逐日降水量。

（2）其他资料。苹果产量和水分的资料来源于西北农林科技大学徐巧（2016）硕士学位论文《黄土高原丘陵区干旱山地苹果树需水规律研究》。

9.3 农业生产关联的气象风险识别与分析

陕西苹果萌芽期、开花期、新梢生长期、幼果发育期、果实膨大期及成熟期需水量分别为67.5mm、37.2mm、180.6mm、66.5mm、218.6mm及67.6mm。苹果园多年平均降水量在不同的物候期也各有不同，萌芽期、开花期、新梢生长期、幼果发育期、果实膨大期、成熟期的多年平均降水量分别为11mm、15mm、88mm、49mm、293mm和22mm。一般水文年，需要补充灌溉216.9mm，其中萌芽期和开花期的适宜补灌量分别为56.5mm和22.2mm，新梢生长期为92.6mm、幼果发育期为17.5mm。陕北山地苹果生育期内，6月上旬至7月上旬为幼果发育、膨大和果树花芽形成的阶段。该阶段对水分的需求较高，是苹果树需水敏感时期。苹果幼果发育期，果实增大主要靠果肉细胞的分裂增生，水分供应不足会影响果实细胞的分裂，使果实细胞数减少，影响幼果发育及膨大，从而使果实体积减少、重量减轻，严重缺水时会使幼果皱缩和脱落，并影响根的吸收功能，减缓果树生长。幼果期干旱严重影响苹果的产量。

9.4 天气指数构建与模型建立

9.4.1 水分减产率模型构建

基于试验结果，苹果幼果期果实横径（y）与灌水量（x）呈二次函数关系，关系式为$y=-0.00002x^2+0.007x+0.5813$（$R^2=0.88$）。依据此关系式推导出灌水量的计算公式（9-1）。根据幼果横径的范围，假定果实横径分别为0.59 cm、0.65 cm、0.71 cm等，使用公式（9-1）计算对应的灌溉量（表9.1）。假设苹果为球体，依据苹果横径（视为直径），利用公式（9-2）可得苹果体积v。假设苹果果实比重为常数，则单果产量与体积成正比，可以用体积来代替产量开展研究。

$$x = \frac{-0.007 \pm \sqrt{0.007^2 - 4y - 0.00002 \times (0.5813 - y)}}{2 \times -0.00002} \quad (9\text{-}1)$$

$$v = \frac{4}{3}\pi \left(\frac{1}{2}d\right)^3 \quad (9\text{-}2)$$

表9.1 苹果横径、模拟灌水量、体积与减产率

横径y（cm）	灌水量x（mm）	体积v（cm³）	减产率α
0.59	1.25	0.11	79.49%
0.65	10.11	0.14	70.72%
0.71	19.47	0.19	61.46%
0.77	29.43	0.24	51.60%
0.83	40.13	0.30	41.01%
0.89	51.75	0.37	29.51%
0.95	64.59	0.45	16.81%
1.01	79.14	0.54	2.41%
1.07	96.32	0.64	
1.13	118.52	0.76	
1.19	161.22	0.88	

依据表9.1，构建苹果幼果体积与灌水量关系模型如下：

$$v = 0.0052x + 0.1013 \ (R^2 = 0.9884) \quad (9\text{-}3)$$

式中，v为幼果体积；x为灌水量。

将1981～2020年6月10日至7月10日累计降水量的平均值代入式（9-3），所对应的幼果体积作为是否减产的阈值，不同灌水量对应的减产率如图9.1所示。

依据图9.1，拟合减产率与灌水量的关系模型为$\alpha = -0.0099x + 0.8072$（$R^2 = 1$），即幼果期水分和减产率的函数模型。

9.4.2 干旱指数构建

选取幼果期（6月10日至7月10日）的累计降水量，构建干旱指数（drought index，DI）：

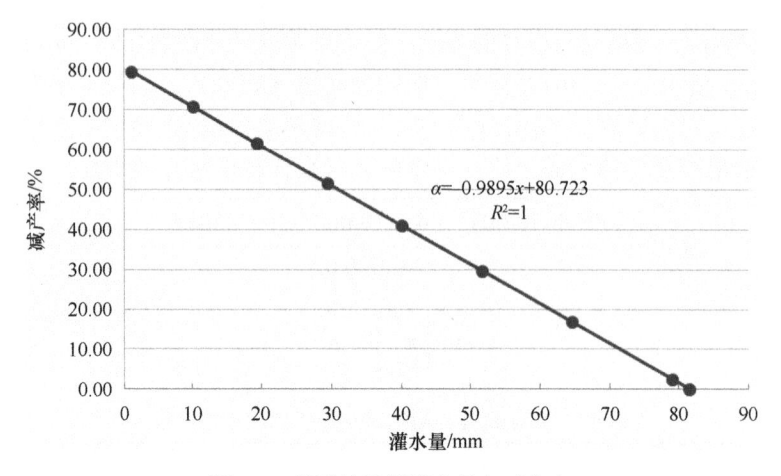

图 9.1 苹果幼果期灌水量与减产率

$$DI = \sum_{i=6月10日}^{7月10日} P_i \quad (9\text{-}4)$$

式中，DI 为干旱指数（mm）；P_i 为日降水量（mm）。

9.5 干旱指数保险费率厘定与保费

9.5.1 赔付设计

米脂苹果的干旱指数保险金额设置为 2000 元/亩，与陕西省苹果政策性农业保险的保险金额相同。如果对干旱指数进行分段设置赔付，根据干旱指数和对应的减产率，采用投影寻踪的统计方法，设计苹果幼果期干旱指数保险赔付方案，公式如下：

$$Q = I \times Y_{down} + I \times \frac{Y_{up} - Y_{down}}{DI_{up} - DI_{down}} \times (DI - DI_{up}) \quad (9\text{-}5)$$

式中，Q 为赔付金额；I 为保险金额；Y_{up}、Y_{down} 分别为分段减产率的上、下限；DI_{up} 和 DI_{down} 分别为分段干旱指数的上、下限；DI 为实际干旱指数。

设定不同的启赔点，DI 大于启赔点时，投保农户的保险赔偿金为 0；DI 达到 0，即幼果期无降水，赔付达到最大赔付点，且减产率为 80.7%，因此，设定免赔率为 19.3%，幼果期干旱指数的最大赔付额为 2000×80.723%=1614.46 元/亩，不同的启赔点（DI_{up}）每亩赔付金额计算方案如表 9.2 所示。

表 9.2　米脂苹果幼果期干旱指数的赔付计算方案

项目	干旱指数（DI）（mm）	赔付标准（元/亩）
方案 1	DI>81.58	0
	0≤DI<81.58	0–(DI–81.58)×19.79
方案 2	DI>50	0
	0≤DI<50	624.95–(DI–50)×19.79
方案 3	DI>45	0
	0≤DI<45	723.91–(DI–45)×19.79
方案 4	DI>40	0
	0≤DI<40	822.86–(DI–40)×19.79
方案 5	DI>35	0
	0≤DI<35	921.81–(DI–35)×19.79
方案 6	DI>30	0
	0≤DI<30	1020.76–(DI–30)×19.79

9.5.2　费率厘定

依据以上赔付方案，可计算经验期望赔付和经验纯费率（表9.3）。干旱指数，即米脂苹果幼果期（6月10日至7月10日）累计降水量分别低于81.6mm、50mm、45mm、40mm、35mm和30mm，启动赔付；0mm达到最大赔付，对应的纯风险费率分别为23.46%、16.01%、11.72%、10.58%、9.16%和7.61%。

表 9.3　1981~2020 年米脂苹果幼果期干旱指数及赔付金额

年份	干旱指数（DI）(mm)	不同启赔点（mm）对应的赔付额（元）					
		81.58	50	45	40	35	30
1981	236.24	0	0	0	0	0	0
1982	101.06	0	0	0	0	0	0
1983	62.94	369	0	0	0	0	0
1984	117.94	0	0	0	0	0	0
1985	56.26	501	0	0	0	0	0
1986	124.64	0	0	0	0	0	0
1987	146.35	0	0	0	0	0	0
1988	133.82	0	0	0	0	0	0
1989	70.12	227	0	0	0	0	0
1990	85.79	0	0	0	0	0	0

续表

年份	干旱指数（DI）（mm）	不同启赔点（mm）对应的赔付额（元）					
		81.58	50	45	40	35	30
1991	88.94	0	0	0	0	0	0
1992	45.23	719	719	0	0	0	0
1993	95.65	0	0	0	0	0	0
1994	57.13	484	0	0	0	0	0
1995	13.33	1351	1351	1351	1351	1351	1351
1996	108.33	0	0	0	0	0	0
1997	27.14	1077	1077	1077	1077	1077	1077
1998	47.94	666	666	0	0	0	0
1999	50.74	610	0	0	0	0	0
2000	101.71	0	0	0	0	0	0
2001	9.25	1431	1431	1431	1431	1431	1431
2002	96.53	0	0	0	0	0	0
2003	28.32	1054	1054	1054	1054	1054	1054
2004	50.1	623	0	0	0	0	0
2005	31.11	999	999	999	999	999	0
2006	135.51	0	0	0	0	0	0
2007	51.03	605	0	0	0	0	0
2008	50.53	614	0	0	0	0	0
2009	63.01	367	0	0	0	0	0
2010	44.32	737	737	737	0	0	0
2011	128.42	0	0	0	0	0	0
2012	89.01	0	0	0	0	0	0
2013	147.6	0	0	0	0	0	0
2014	140.65	0	0	0	0	0	0
2015	35.04	921	921	921	921	0	0
2016	155.7	0	0	0	0	0	0
2017	45	724	724	0	0	0	0
2018	48.2	661	661	0	0	0	0
2019	65.9	310	0	0	0	0	0
2020	76.5	101	0	0	0	0	0
期望赔付（元）		379	259	189	171	148	123
纯费率		23.46%	16.01%	11.72%	10.58%	9.16%	7.61%

从以上研究可以看出,一是苹果幼果期对水分很敏感,二是本研究基于苹果大田的控制试验,苹果幼果期干旱费率相对很高。在模拟幼果期水分和减产率模型的时候,由于缺乏真实的产量数据,产量是根据幼果期水分试验对应的幼果期果实直径模拟出来的,存在一定的误差。因此,可以通过提高启赔条件,调整幼果期干旱的费率,使其具有更好的操作性。本案例中将苹果幼果期干旱的启赔点确定为30mm,纯风险费率为7.61%,假设安全系数值定为15%,营业费用系数定为20%,利润率定为5%,则毛费率为11.51%。

9.6 陕西省米脂县苹果幼果期干旱指数保险条款设计

总　则

第一条　本保险合同由保险条款、投保单、保险单或其他保险凭证以及批单组成。凡涉及本保险合同的约定,均应采用书面形式。

第二条　本保险合同的被保险人必须是在陕西米脂县从事苹果种植的种植户或种植企业。

保险标的

第三条　本保险合同的保险标的为被保险人在保险单中载明的投保地理区域内定植的生长和管理正常的苹果。

保险责任

第四条　在保险期间内,当保险苹果所在投保地理区域内遭遇本保险条款约定的干旱事件时,视为发生保险事故,保险人按照本保险合同的约定负责赔偿。

责任免除

第五条　下列原因造成的损失、费用,保险人不负责赔偿:

(一)战争、军事行动、恐怖行动、敌对行为、武装冲突、民间冲突、罢工、骚乱、暴动;

(二)行政行为或司法行为;

(三)他人的恶意破坏行为,或投保人及其家庭成员、被保险人及其家庭成员、投保人或被保险人雇用人员的故意或重大过失行为、管理不善;

(四)核辐射、核裂变、核聚变、核污染及其他放射性污染;

(五)种子、肥料、农药等存在质量问题或违反技术要求应用种子、肥料、农药等；

（六）未经当地农业技术部门许可，盲目引进新品种，采用不成熟的新技术或管理措施失误（含误用农药）。

第六条 下列损失、费用，保险人也不负责赔偿：

（一）因本合同设置以外的原因导致保险米脂苹果的损失；

（二）未达到本保险合同约定的气象灾害事件标准情况下的损失；

（三）被保险人的各种间接损失；

（四）根据本条款其他部分内容中的相关约定，保险人应不承担或免除保险责任的各种情形下的损失、费用或责任，或保险人有权予以扣除、减少的部分。

第七条 其他不属于本保险责任范围的损失、费用，保险人也不负责赔偿。

保险期间

第八条 本保险合同的保险期间为6月10日零时起至7月10日二十四时止，在保险单中载明。

保险金额

第九条 米脂苹果每亩保险金额参照最高可能损失2000元/亩设定，投保人可根据实际种植成本或市场价值选择投保份数，并在保险单中载明。

保险金额（元）=每亩保险金额（元）×保险面积（亩）

保险面积以保险单载明为准。

保　费

第十条 每亩保费为230.2元。

保费=保险金额×保险费率

保险费率11.51%。

保险人义务

第十一条 订立本保险合同时，采用保险人提供的格式条款的，保险人向投保人提供的投保单应当附格式条款，保险人应向投保人说明本保险合同的条款内容。对保险合同中免除保险人责任的条款，保险人在订立保险合同时应当在投保单、保险单或者其他保险凭证上作出足以引起投保人注意的提示，并对该条款的内容以书面或者口头形式向投保人作出明确说明。未作提示或者明确说明的，该条款不产生效力。

第十二条　本保险合同成立后，保险人应当及时向投保人签发保险单或其他保险凭证。

第十三条　保险人依据本保险条款所取得的保险合同解除权，自保险人知道有解除事由之日起，超过三十日不行使而消灭。保险人在保险合同订立时已经知道投保人未如实告知的情况的，保险人不得解除保险合同；发生保险事故的，保险人应当承担赔偿责任。

第十四条　保险人按照本保险条款的约定，认为被保险人提供的有关索赔的证明和资料不完整的，应当及时一次性通知被保险人补充提供。

第十五条　保险人收到被保险人的赔偿请求后，应当及时就是否属于保险责任作出核定，并将核定结果通知被保险人。情形复杂的，保险人在收到被保险人的赔偿请求后三十日内未能核定保险责任的，保险人与被保险人根据实际情形商议合理期间，保险人在商定的期间内作出核定结果并通知被保险人。对属于保险责任的，在与被保险人达成有关赔偿金额的协议后十日内，履行赔偿义务。

保险人依照前款的约定作出核定后，对不属于保险责任的，应当自作出核定之日起三日内向被保险人发出拒绝赔偿保险金通知书，并说明理由。

投保人、被保险人义务

第十六条　投保人应履行如实告知义务，如实回答保险人就保险米脂苹果或被保险人的有关情况提出的询问，并如实填写投保单。

投保人故意或者因重大过失未履行前款规定的如实告知义务，足以影响保险人决定是否同意承保或者提高保险费率的，保险人有权解除保险合同。保险合同自保险人的解约通知书到达投保人或被保险人时解除。

投保人故意不履行如实告知义务的，保险人对于保险合同解除前发生的保险事故，不承担赔偿责任，并不退还保费。

投保人因重大过失未履行如实告知义务，对保险事故的发生有严重影响的，保险人对于保险合同解除前发生的保险事故，不承担赔偿责任，但应当退还保费。

第十七条　除另有约定外，投保人应在保险合同成立时交清保费。保费缴清前发生的保险事故，保险人不承担赔偿责任。

第十八条　保险米脂苹果转让的，被保险人或者受让人应当及时通知保险人。

第十九条　被保险人向保险人请求赔偿时，应向保险人提供下列证明和资料：

（一）保险单正本或保险凭证；

（二）索赔申请书。

被保险人未履行前款约定的义务，导致保险人无法核实损失情况的，保险人对无法核实的部分不承担赔偿责任。

第二十条　被保险人在请求赔偿时应当如实向保险人说明与受损保险米脂苹果有关的其他保险合同的情况。

赔付处理

第二十一条　保险事故发生时，被保险人对保险米脂苹果不具有保险利益的，不得向保险人请求赔偿保险金。

第二十二条　在保险单约定的投保地理区域内，保险米脂苹果发生保险责任范围内的损失，保险人按以下方式计算赔偿：

（一）投保人和保险人一致同意，投保地理区域内以本保险合同约定的米脂气象站（代码 53750）作为最佳气象站，并且以上述气象站观测的气象数据作为确定为灾害事故的依据，其他任何气象站观测的气象数据不得作为认定相应事件的依据。

根据保险期间内的降水对应的赔偿标准来衡量其造成保险米脂苹果的损失是基于历史经验对实际损失的最佳估计，是双方都认可的合理、有效的损失计算方法。用该方法计算的损失和赔款，可能高于被保险人的实际损失，也可能低于被保险人的实际损失。投保人和保险人一致同意，无论实际损失如何，最终赔偿金额均根据本保险合同约定的干旱事件对应的赔偿计算标准确定。

（二）赔偿计算公式如下：

保险米脂苹果发生保险责任范围内的损失，保险人根据保险单约定的国家级气象观测站点数据，按照表 9.4 计算各个指数对应的赔偿金额。

表 9.4　陕西米脂苹果幼果期干旱指数保险赔付

干旱指数（DI）(mm)	赔付金额（元/亩）
DI>30	0
0≤DI<30	1020.76−(DI−30)×19.79

争议处理

第二十三条　因履行本保险合同发生的争议，由当事人协商解决。协商不成的，提交保险合同载明的仲裁机构仲裁；保险合同未载明仲裁机构或者争议发生后未达成仲裁协议的，依法向人民法院起诉。

第二十四条　与本保险合同有关的以及履行本保险合同产生的一切争议，适用中华人民共和国法律（不适合港澳台地区相关规定）。

其他事项

第二十五条　本保险合同自成立时起生效。

第二十六条　保险责任开始前，投保人要求解除保险合同的，保险人将已收取的保费退还投保人；保险责任开始后，投保人要求解除保险合同的，保险人对保险责任开始之日起至保险合同解除之日止期间的保费，按日比例计收，剩余部分退还投保人。

除另有约定外，保险人要求解除保险合同的，应提前十五日向投保人发出解约通知书，保险人按照保险责任开始之日起至保险合同解除之日止期间与保险期间的日比例计收保费，并退还剩余部分保费。

但在保险合同有效期内，投保人、保险人均不得因保险米脂苹果的受灾程度发生变化增加保费或者解除本保险合同。

第二十七条　保险米脂苹果发生全部损失，属于保险责任的，保险人在履行赔偿义务后，本保险合同终止；不属于保险责任的，本保险合同终止，保险人按日比例计收自保险责任开始之日起至损失发生之日止期间的保费，并退还剩余部分保费。

第10章 陕西省米脂县苹果全发育期干旱指数保险产品研发指引

10.1 标 的 确 定

米脂县年平均降水量451.6mm，不能满足苹果整个生育期的需水，且降水分布不均。另外，米脂地处陕北，基本上无满足苹果种植的灌溉条件，因此干旱风险尤为严重。因此，加强米脂苹果干旱保险研究对防灾减灾及建立紧急预案有着重要的意义。

10.2 资料与数据收集

产品设计涉及的主要数据与资料如下：

（1）气象数据。气象资料主要为米脂气象站1981～2020年的逐日降水量。

（2）其他资料。苹果产量和水分的资料来源于西北农林科技大学徐巧（2016）硕士学位论文《黄土高原丘陵区干旱山地苹果树需水规律研究》。

10.3 苹果生长需水与干旱分析

米脂县最大年降水量704.8mm，最小年降水量186.1mm，降水量少且年际变化大，季节分布不均，降水大多集中于每年汛期，4～6月为干旱期，由于气候干燥，水分蒸腾迅速、蒸发量大，加之苹果树自身耗水蒸腾量大，因此当地苹果季节性干旱状况严重、供需水矛盾突出。苹果对水分的需求较为严格，需水量因生育期不同而有所差异，萌芽前缺水，会使萌芽期延后、萌芽不整齐，甚至影响新梢的生长；花期干旱常引起落花落果，坐果率降低；新梢生长期遇到干旱则生长受到抑制，甚至停止生长；果实发育期干旱缺水导致果实体积缩小，重量减轻，会严重影响苹果的产量和品质。因此，干旱缺水已成为米脂苹果产业发展、产量与品质保证的一大限制因素，也是当地苹果产业实现可持续发展亟待解决的问题。

10.4 天气指数构建与模型建立

10.4.1 水分减产率模型构建

根据徐巧（2016）的试验结果，拟合生长季灌水量（x）与果实产量（y）的关系，呈二次相关，如图 10.1 所示，关系式为 $y=-0.0031x^2+7.8156x+7681.1$（$R^2=0.9646$）。

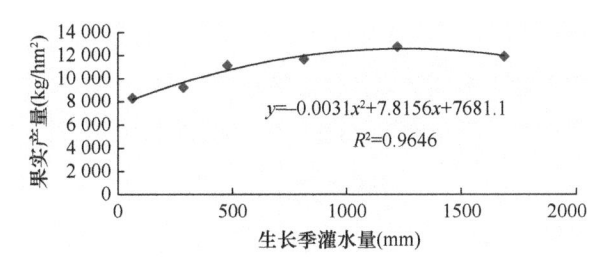

图 10.1　全生育期灌水量与果实产量关系

假定减产率以 1981～2020 年的平均降水量（403mm）对应的产量为阈值计算，结果如表 10.1 所示。

表 10.1　全生育期灌水量、产量及减产率的关系

灌水量（mm）	根据降水和产量的函数关系产量（kg/hm²）	减产率（%）
200	9 120.22	11.69
230	9 314.70	9.81
260	9 503.60	7.98
290	9 686.91	6.20
320	9 864.65	4.48
350	10 036.81	2.81
380	10 203.39	1.20
403	10 327.32	0.00

对减产率（y'）与灌水量（x'）之间的关系进行拟合，呈线性相关（图 10.2），关系式为

$$y' = -0.0006\,x' + 0.2301 \quad (R^2 = 0.9991)$$

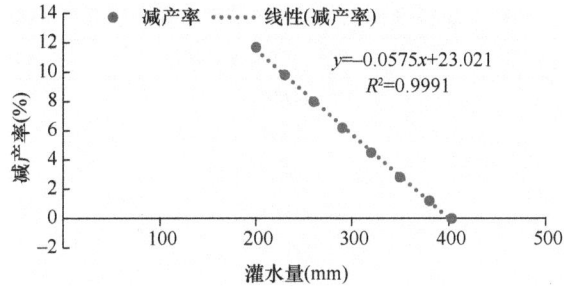

图 10.2　全生育期减产率与灌水量关系

10.4.2 干旱指数构建

基于水分与苹果减产率的关系,选取苹果生长期(3月28日至10月17日)的降水,构建干旱指数。干旱指数(DI)取3月28日至10月17日降水累计值:

$$DI = \sum_{i=3月28日}^{10月17日} P_i \qquad (10\text{-}1)$$

式中,P_i 为日降水量(mm)。

10.5 干旱指数保险费率厘定与保费

10.5.1 赔付设计

赔付保额设置为陕西省苹果政策性农业保险保额(2000元/亩)。对干旱指数进行分段,干旱指数高的为分段上限,根据干旱指数和对应的减产率,采用投影寻踪的统计方法,设计苹果生育期干旱指数保险赔付方案,公式如下:

$$Q = I \times Y_{\text{down}} + I \times \frac{Y_{\text{up}} - Y_{\text{down}}}{DI_{\text{up}} - DI_{\text{down}}} \times (DI - DI_{\text{up}}) \qquad (10\text{-}2)$$

式中,Q 为赔偿金额;I 为保额;Y_{up}、Y_{down} 分别为分段上限减产率和分段下限减产率;DI_{up} 和 DI_{down} 分别为分段上限干旱指数和分段下限干旱指数;DI 为实际干旱指数。

根据研究确定的干旱指标,当 DI 达到 403 时达到启赔点。即当 DI>403,投保农户的保险赔偿金为 0。保险金额为 2000 元/亩,每亩赔付金额计算公式如下:

$$\text{赔付金额} = \begin{cases} 487.8 - 1.2DI & (380 \leqslant DI \leqslant 403) \\ 483 - 1.2DI & (DI \leqslant 379) \end{cases} \qquad (10\text{-}3)$$

根据苹果生育期的赔付公式,计算历年苹果干旱赔付值,如表10.2所示。

表 10.2 1981~2020 年米脂苹果全生育期实际干旱指数及赔付金额

年份	干旱指数(DI)(mm)	赔付金额(元)
1981	448.06	0.00
1982	414.6	0.00
1983	388.85	21.18
1984	271.31	157.43
1985	521.49	0.00
1986	279.87	147.16
1987	451.83	0.00
1988	468.58	0.00

续表

年份	干旱指数（DI）（mm）	赔付金额（元）
1989	303.85	118.38
1990	370.24	38.71
1991	457.84	0.00
1992	390.1	19.68
1993	324.99	93.01
1994	400.62	7.06
1995	437.74	0.00
1996	354.85	57.18
1997	302.62	119.86
1998	396.1	12.48
1999	227.32	210.22
2000	339.15	76.02
2001	480.64	0.00
2002	347.51	65.99
2003	425.75	0.00
2004	273.43	154.88
2005	296.56	127.13
2006	536.42	0.00
2007	410.89	0.00
2008	287.26	138.29
2009	456.76	0.00
2010	382.59	28.69
2011	499.56	0.00
2012	467.05	0.00
2013	535.05	0.00
2014	382.35	28.98
2015	318.18	101.18
2016	465.61	0.00
2017	609.4	0.00
2018	473.81	0.00
2019	479.1	0.00
2020	449.2	0.00

10.5.2 费率厘定

历史数据赔付值的期望值为42元/亩，即纯保费为42元/亩，干旱纯费率则为42/2000=2.1%。

假设安全系数值定为15%，营业费用系数定为20%，利润率定为5%，得到苹果生长期干旱指数保险的毛费率为3.18%。苹果生长期干旱指数保额为2000元/亩时，执行保费为63.6元/亩。

1981~2020年苹果全生育期干旱指数与赔付如图10.3所示。

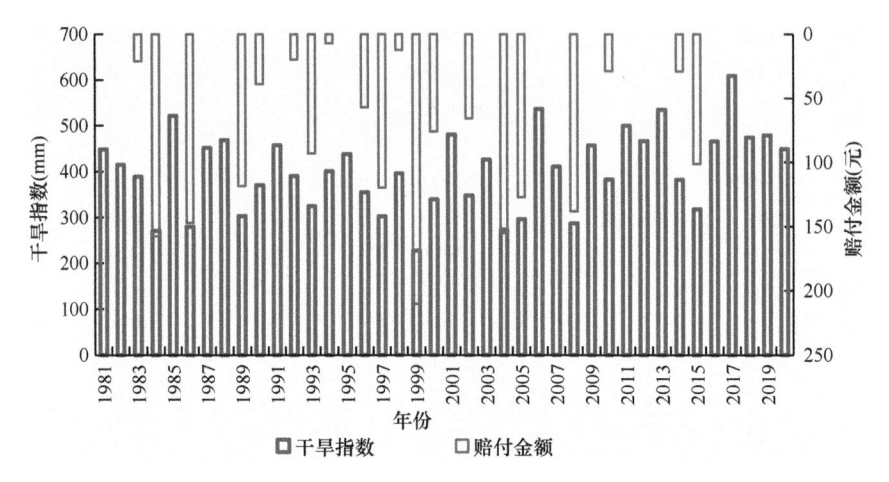

图10.3 米脂苹果干旱指数与历史赔付回溯（彩图请扫封底二维码）

10.6 陕西省米脂县苹果干旱指数保险条款设计

总　　则

第一条　本保险合同由保险条款、投保单、保险单或其他保险凭证以及批单组成。凡涉及本保险合同的约定，均应采用书面形式。

第二条　本保险合同的被保险人必须在陕西米脂从事苹果种植的种植户或种植企业。

保险标的

第三条　本保险合同的保险标的为被保险人在保险单中载明的投保地理区域内定植的生长和管理正常的米脂苹果。

保险责任

第四条　在保险期间内，当保险米脂苹果所在投保地理区域内遭遇本保险条款约定的干旱事件时，视为发生保险事故，保险人按照本保险合同的约定负责赔偿。

责任免除

第五条 下列原因造成的损失、费用，保险人不负责赔偿：

（一）战争、军事行动、恐怖行动、敌对行为、武装冲突、民间冲突、罢工、骚乱、暴动；

（二）行政行为或司法行为；

（三）他人的恶意破坏行为，或投保人及其家庭成员、被保险人及其家庭成员、投保人或被保险人雇用人员的故意或重大过失行为、管理不善；

（四）核辐射、核裂变、核聚变、核污染及其他放射性污染；

（五）种子、肥料、农药等存在质量问题或违反技术要求应用种子、肥料、农药等；

（六）未经当地农业技术部门许可，盲目引进新品种，采用不成熟的新技术或管理措施失误（含误用农药）。

第六条 下列损失、费用，保险人也不负责赔偿：

（一）因本合同设置以外的原因导致保险米脂苹果的损失；

（二）未达到本保险合同约定的气象灾害事件标准情况下的损失；

（三）被保险人的各种间接损失；

（四）根据本条款其他部分内容中的相关约定，保险人应不承担或免除保险责任的各种情形下的损失、费用或责任，或保险人有权予以扣除、减少的部分。

第七条 其他不属于本保险责任范围的损失、费用，保险人也不负责赔偿。

保险期间

第八条 本保险合同的保险期间为3月28日零时起至10月17日二十四时止，在保险单中载明。

保险金额

第九条 米脂苹果每亩保险金额参照最高可能损失2000元/亩设定，投保人可根据实际种植成本或市场价值选择投保份数，并在保险单中载明。

保险金额（元）=每亩保险金额（元）×保险面积（亩）

保险面积以保险单载明为准。

保 费

第十条 每亩保费为 63.6 元。

保费＝保险金额×保险费率

保险费率为 3.18%。

保险人义务

第十一条 订立本保险合同时，采用保险人提供的格式条款的，保险人向投保人提供的投保单应当附格式条款，保险人应向投保人说明本保险合同的条款内容。对保险合同中免除保险人责任的条款，保险人在订立保险合同时应当在投保单、保险单或者其他保险凭证上作出足以引起投保人注意的提示，并对该条款的内容以书面或者口头形式向投保人作出明确说明。未作提示或者明确说明的，该条款不产生效力。

第十二条 本保险合同成立后，保险人应当及时向投保人签发保险单或其他保险凭证。

第十三条 保险人依据本保险条款所取得的保险合同解除权，自保险人知道有解除事由之日起，超过三十日不行使而消灭。保险人在保险合同订立时已经知道投保人未如实告知的情况的，保险人不得解除保险合同；发生保险事故的，保险人应当承担赔偿责任。

第十四条 保险人按照本保险条款的约定，认为被保险人提供的有关索赔的证明和资料不完整的，应当及时一次性通知被保险人补充提供。

第十五条 保险人收到被保险人的赔偿请求后，应当及时就是否属于保险责任作出核定，并将核定结果通知被保险人。情形复杂的，保险人在收到被保险人的赔偿请求后三十日内未能核定保险责任的，保险人与被保险人根据实际情形商议合理期间，保险人在商定的期间内作出核定结果并通知被保险人。对属于保险责任的，在与被保险人达成有关赔偿金额的协议后十日内，履行赔偿义务。

保险人依照前款的约定作出核定后，对不属于保险责任的，应当自作出核定之日起三日内向被保险人发出拒绝赔偿保险金通知书，并说明理由。

投保人、被保险人义务

第十六条 投保人应履行如实告知义务，如实回答保险人就保险米脂苹果或被保险人的有关情况提出的询问，并如实填写投保单。

投保人故意或者因重大过失未履行前款规定的如实告知义务，足以影响保险人决定是否同意承保或者提高保险费率的，保险人有权解除保险合同。保险合同自保险人的解约通知书到达投保人或被保险人时解除。

投保人故意不履行如实告知义务的，保险人对于保险合同解除前发生的保险事故，不承担赔偿责任，并不退还保费。

投保人因重大过失未履行如实告知义务，对保险事故的发生有严重影响的，保险人对于保险合同解除前发生的保险事故，不承担赔偿责任，但应当退还保费。

第十七条 除另有约定外，投保人应在保险合同成立时交清保费。保费缴清前发生的保险事故，保险人不承担赔偿责任。

第十八条 保险米脂苹果转让的，被保险人或者受让人应当及时通知保险人。

第十九条 被保险人向保险人请求赔偿时，应向保险人提供下列证明和资料：

（一）保险单正本或保险凭证；

（二）索赔申请书。

被保险人未履行前款约定的义务，导致保险人无法核实损失情况的，保险人对无法核实的部分不承担赔偿责任。

第二十条 被保险人在请求赔偿时应当如实向保险人说明与受损保险米脂苹果有关的其他保险合同的情况。

赔付处理

第二十一条 保险事故发生时，被保险人对保险米脂苹果不具有保险利益的，不得向保险人请求赔偿保险金。

第二十二条 在保险单约定的投保地理区域内，保险米脂苹果发生保险责任范围内的损失，保险人按以下方式计算赔偿：

（一）投保人和保险人一致同意，投保地理区域内以本保险合同约定的米脂气象站（代码 53750）作为最佳气象站，并且以上述气象站观测的气象数据作为确定为灾害事故的依据，其他任何气象站观测的气象数据不得作为认定相应事件的依据。

根据保险期间内的降水对应的赔偿标准来衡量其造成保险米脂苹果的损失是基于历史经验对实际损失的最佳估计，是双方都认可的合理、有效的损失计算方法。用该方法计算的损失和赔款，可能高于被保险人的实际损失，也可能低于被保险人的实际损失。投保人和保险人一致同意，无论实际损失如何，最终赔偿金额均根据本保险合同约定的干旱事件对应的赔偿计算标准确定。

（二）赔偿计算公式如下：

$$赔付金额 = \begin{cases} 487.8 - 1.2DI & (380 \leqslant DI \leqslant 403) \\ 483 - 1.2DI & (DI \leqslant 379) \end{cases}$$

保险苹果发生保险责任范围内的损失，保险人根据保险单约定的国家级气象观测站点数据，干旱指数（DI）取 3 月 28 日至 10 月 17 日降水累计值，累计降水量低于 403mm，按照赔偿公式分别计算各个指数对应的赔偿金额。

争议处理

第二十三条　因履行本保险合同发生的争议，由当事人协商解决。协商不成的，提交保险合同载明的仲裁机构仲裁；保险合同未载明仲裁机构或者争议发生后未达成仲裁协议的，依法向人民法院起诉。

第二十四条　与本保险合同有关的以及履行本保险合同产生的一切争议，适用中华人民共和国法律（不适合港澳台地区相关规定）。

其他事项

第二十五条　本保险合同自成立时起生效。

第二十六条　保险责任开始前，投保人要求解除保险合同的，保险人将已收取的保费退还投保人；保险责任开始后，投保人要求解除保险合同的，保险人对保险责任开始之日起至保险合同解除之日止期间的保费，按日比例计收，剩余部分退还投保人。

除另有约定外，保险人要求解除保险合同的，应提前十五日向投保人发出解约通知书，保险人按照保险责任开始之日起至保险合同解除之日止期间与保险期间的日比例计收保费，并退还剩余部分保费。

但在保险合同有效期内，投保人、保险人均不得因保险米脂苹果的受灾程度发生变化增加保费或者解除本保险合同。

第二十七条　保险米脂苹果发生全部损失，属于保险责任的，保险人在履行赔偿义务后，本保险合同终止；不属于保险责任的，本保险合同终止，保险人按日比例计收自保险责任开始之日起至损失发生之日止期间的保费，并退还剩余部分保费。

第 11 章　内蒙古自治区巴彦淖尔市向日葵天气指数保险产品研发指引

11.1　标 的 确 定

11.1.1　内蒙古自治区巴彦淖尔市向日葵种植现状

内蒙古自治区巴彦淖尔市土地资源丰富，适宜种植的土地面积达 92.83 万 hm^2，现耕种面积为 63.3 万 hm^2，其中 60%的土地适宜种植向日葵，而且，其中 2.67 万 hm^2 黄河河滩地只能种植耐盐碱的向日葵。土地相对集中，向日葵规模化生产的潜力巨大。巴彦淖尔市是全国最大的向日葵生产基地，种植面积占全国的 25%左右，占内蒙古自治区的 60%左右。巴彦淖尔市由黄河三盛公水利枢纽自流引水灌溉，水源充沛，灌溉便利，可充分满足向日葵生长发育期对水分的需求。巴彦淖尔市气候特点有以下几个方面。一是光照充足，每年 4～9 月，日照时间>10h/d，向日葵可以积聚更多的生物质能；二是当地气候干燥，年平均降水量 180mm，年蒸发量 2200mm，有利于向日葵生长发育前期蹲苗、除草，减少苗期病害的发生；三是昼夜温差大，有利于向日葵的灌浆和籽粒的形成。由于巴彦淖尔市特殊的土壤和气候条件，巴彦淖尔市的向日葵籽粒外形美观、光泽度好、质量好、产量高，市场竞争力强。

2003 年后向日葵收购价格逐步攀高，2010 年巴彦淖尔市向日葵平均价格 7.13 元/kg，比上年上涨 1.93 元/kg；优质花葵价格 8.4 元/kg，比上年上涨 1.6 元/kg；质量一般的向日葵价格 4.2 元/kg，比上年上涨 0.6 元/kg。按向日葵产量计算，向日葵产业农民人均创收 5809 元。

11.1.2　向日葵适宜种植的气候条件

1. 温度

向日葵对温度的适应性较强，是一种既喜温又耐寒的作物。向日葵对温度的忍受范围较大，全生育期适宜温度为 10～30℃，最低温度为 5～10℃，最高为 37～40℃，在适宜的温度范围内，随着温度的升高，向日葵植株各器官生长发育速度也明显加快。

当地温稳定通过 8~10℃时向日葵发芽出苗，距离地面 5cm 地温越高则出苗速度越快，发芽最适宜的温度为 31~37℃，最高温度为 38~40℃；开花期日最高气温超过 35℃，向日葵空壳率增加；开花灌浆期温度适宜时，向日葵灌浆期干物质积累比例高，花盘结实率随之增高，有利于稳产增产，反之，高温不利于向日葵结实和灌浆。向日葵营养生长旺盛，影响植株生殖生长，干物质积累转化率相对较低，致使结实率下降，产量降低。

2. 水分

向日葵属喜肥水作物，抗旱性强，不耐涝，但向日葵植株高大，叶多而密，耗水量大，全生育期需水 300~400mm。向日葵苗期需水较少，从出苗到现蕾需水量仅占生育期需水量的 19%；而现蕾至开花期是生长最旺盛阶段，对水分十分敏感，需水量约占总需水量的 43%，遇干旱或水分供给不足即影响生长而造成严重减产；灌浆期籽粒营养物的转化积累也是靠水分完成的，开花至成熟期需水量占总需水量的 38%，水分不足可导致花盘瘦小，空粒增加，产量降低。

3. 光照

向日葵为喜光性短日照作物，对日照长短反应不敏感。光照充足有利于向日葵正常生长发育和开花结实，尤其是在向日葵开花至成熟期日平均日照时数对籽粒千粒重影响较大，多要求晴朗天气。籽粒灌浆期以日平均日照时数 7.4~12.6h 为宜。充足的光照对向日葵籽粒灌浆有利，有利于提高产量及品质，反之，日平均日照时数每减少 1.0h，向日葵千粒重就会随之降低 2.13g 左右，且成熟期推迟，造成产量下降。

11.1.3 内蒙古巴彦淖尔市向日葵种植保险扶持政策

根据内蒙古自治区政策性农业保险保费补贴方案要求，巴彦淖尔市财政局、农牧业局于 2010 年组织制定了《巴彦淖尔市 2010 年农业保险保费补贴实施方案》。从 2010 年起，巴彦淖尔市的向日葵就被列入政策性保险的范围，得到了保费补贴，向日葵每亩保障金额为 250 元，费率 7.5%，每亩保费 18.8 元；保费补贴的比例为，国家财政补贴 40%，自治区财政补贴 40%，市财政补贴 1%，旗县区财政补贴 9%，其余 10%的保费由农牧户或者农牧户与龙头企业等共同承担。

自 2020 年起，内蒙古自治区被列为中央财政对地方优势特色农产品保险以奖代补试点的 20 个省份之一。内蒙古可按照自主自愿的原则开展地方优势特色农产品保险，并申请中央财政补贴。试点地区地方财政在开展地方优势特色农产品保险中承担主要支出责任。中央财政补贴比例为，在地方财政至少补贴35%的基础上，中央财政对中西部地区和东北地区补贴30%，对东部地区补贴25%；对新疆生产建设兵团补贴65%。原则上贫困县县级财政承担的补贴比例不超过5%。

11.2 资料与数据收集

产品设计涉及的主要数据与资料如下。

（1）气象数据。包括临河区、乌拉特前旗站近30年的逐日平均气温、最低气温、最高气温、降水量、平均风速等。

（2）向日葵的产量资料。2010~2018年向日葵产量和种植面积，来源于巴彦淖尔市统计局网站。

（3）其他资料。向日葵产值、个别年份灾害性天气等来源于新闻报道和灾害年鉴。

11.3 农业生产关联的气象风险识别与分析

11.3.1 巴彦淖尔市向日葵主要气象灾害风险

巴彦淖尔市向日葵种植的气象灾害主要有霜冻、干旱、冰雹和大风等。

1. 霜冻

向日葵原产于热带，温度低于10℃时影响其正常生长，出现冻害。巴彦淖尔市的霜冻灾害主要发生在春季。春季霜冻的主要指标为地面最低温度，即当地面最低温度≤1℃时，为轻霜冻；当地面最低温度≤-1℃时，为重霜冻。巴彦淖尔市河套地区的秋季霜冻对向日葵基本没有影响。春季霜冻发生对向日葵幼苗危害较大。灾害防御的策略主要是选种优良向日葵品种，根据当地气候规律合理确定播种期，避开晚霜冻危害；减灾措施主要是做好苗期霜冻预报预警服务，合理指导农民利用田间熏烟等措施有效降低霜冻危害。

2. 干旱

季节性干旱对向日葵播种及后期茎叶生长和现蕾开花极为不利。巴彦淖尔市引黄灌溉是应对干旱的基本措施。在向日葵现蕾、开花和灌浆期如果旱情严重，可以引黄河水进行浇灌，普遍采用的灌溉方案是，第1次灌溉时间为现蕾期植株出现暂时性萎蔫时，也称为头水；第2次灌溉为头水浇后6~7天浇灌；第3次灌溉与第2次间隔10天，满足向日葵现蕾和开花期对水分的需求；第4次灌溉为灌浆期浇灌，终花后 15～20 天停水，以促其生长健壮，盘大粒多饱满，高产优质。

3. 冰雹

冰雹灾害严重威胁向日葵幼苗生长，损坏或砸死幼苗，打烂成株叶片。向日葵生长期叶片是制造养分物质的主要器官，构成产量的营养物质的95%均来自叶片，尤其上部叶片最为重要，如果茎秆中上部叶片被冰雹打烂或打落，就等于砸烂了制造养分的"工厂"，切断了向日葵养分输送，产量随之降低。因此，减轻冰雹灾害的主要措施是在冰雹等灾害性天气出现前，当地气象部门应积极开展人工消雹作业，为向日葵种植业提供增产增收专项气象保障服务。

4. 大风

巴彦淖尔市 5～7 月平均大风日数可达 9 天、沙尘暴 6 天，5 月向日葵幼苗生长期大风天气极易造成幼苗损伤，主要的减灾措施以防御为主，压实根系土壤。

11.3.2 巴彦淖尔市向日葵产量变化与气象灾害的归因分析

采用气象产量时间序列模拟方法，运用 3 年滑动平均、5 年滑动平均、Logistic 回归、指数回归、线性回归、二次多项式回归、三次多项式回归等方法，对巴彦淖尔市向日葵 2010～2020 年单产的趋势产量进行拟合，以模拟产量与实际产量拟合效果最好为目标，经过检验（表 11.1），筛选出 3 年滑动平均法为趋势产量的最优模拟方法。从相对气象产量序列可以看出（图 11.1），2012 年、2016 年、2018 年相对气象产量小于 0，说明这些年份为减产年份。因此，初步判断这 3 年气象灾害导致了较大的产量损失。

表 11.1 不同回归方法模拟产量与实际产量的决定系数（R^2）

方法	3 年滑动平均	线性回归	二次多项式回归	三次多项式回归	对数回归	指数回归	Logistic
决定系数（R^2）	0.62	0.30	0.30	0.30	0.30	0.29	0.29

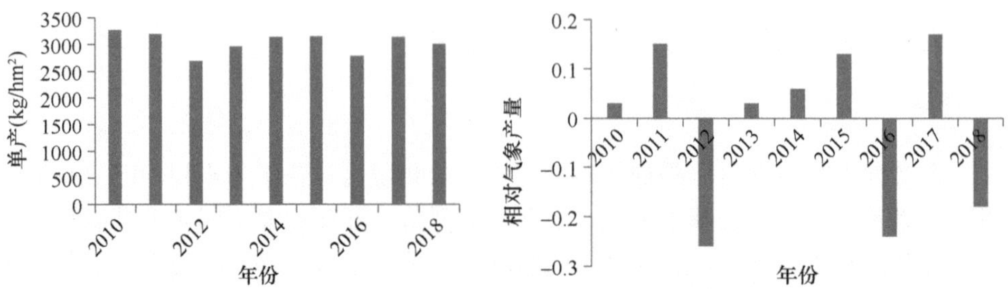

图 11.1 2010～2018 年巴彦淖尔市向日葵单产与相对气象产量

基于减产率分析结果，通过查阅相关文献及报道记录，查明减产较大的 3 年发生的气象灾害如下。

（1）受 2012 年 6 月 25～28 日强降雨影响，内蒙古自治区巴彦淖尔市 7 个旗县区遭到洪涝灾害袭击。据统计，截至 6 月 28 日 8:00，暴雨洪涝灾害共造成巴彦淖尔市逾 24 万 hm² 农作物受灾，其中向日葵受灾面积 10.87 万 hm²。

（2）2016 年 8 月 17 日，巴彦淖尔市大部分地区出现强降雨天气，农区部分地区大面积积水。尤为严重的是磴口县大部地区大到暴雨，局部达大暴雨，导致当地向日葵出现大面积倒伏。葫芦、番茄等农作物浸泡在水中开始大量腐坏变质，两旗县农业损失严重。

（3）2018 年 7 月 18～22 日，巴彦淖尔市陆续出现强降雨天气过程，强降雨天气过程造成乌拉特前旗和乌拉特中旗部分沿山地区多条河床发生山洪，部分农作物被淹受灾；套区因雨势过急，农田积水严重，导致向日葵、蜜瓜、葫芦等作物被雨水浸泡损失较重。

综合实际灾害记录，初步认为向日葵在减产年份可能遇到的气象灾害主要有暴雨洪涝。

11.4 天气指数构建与模型建立

11.4.1 向日葵暴雨指数构建

选取临河区、乌拉特前旗 2016～2020 年向日葵生长发育期观测资料、产量资料、逐日气象资料。依据向日葵发育期日期计算发育期对应的日序（表 11.2）。

表 11.2 巴彦淖尔市向日葵生育期日序　　（单位：天）

发育期	播种期	出苗期	二对真叶期	花序形成期	开花期	成熟期
临河区	148	156	161	183	203	254
乌拉特前旗	154	165	172	193	216	276
平均值	152	161	167	188	209	265

据此得到巴彦淖尔地区向日葵平均生育期为，播种期 6 月 1 日（闰年 5 月 31 日）、出苗期 6 月 10 日（闰年 6 月 9 日）、二对真叶期 6 月 16 日（闰年 6 月 15 日）、花序形成期 7 月 8 日（闰年 7 月 7 日）、开花期 7 月 28 日（闰年 7 月 27 日）、成熟期 9 月 22 日（闰年 9 月 21 日）。根据向日葵生长发育期观测资料（表 11.2），统计各发育期期间的气象数据。

巴彦淖尔地区属干旱区，年降水量仅为 200mm 左右，然而降水主要集中在 6～8 月。根据向日葵生长发育期观测资料（表 11.2），6 月 16 日至 7 月 8 日为二对真叶期—花序形成期；7月9日至7月28日为花序形成期—开花期；7月29日至9月22日为开花期—成熟期。据此，统计各发育阶段两站（临河区、乌拉特前旗）的累计降水量（表11.3）。

表11.3 巴彦淖尔向日葵不同生育期降水量（mm）和暴雨指数（mm）

年份	二对真叶期—花序形成期（6月16日至7月8日）	花序形成期—开花期（7月9日至7月28日）	开花期—成熟期（7月29日至9月22日）	暴雨指数（SR）
1981	41.25	68.6	71.7	6.53
1982	0	3.35	50.45	1.08
1983	31.85	1.7	57.05	2.63
1984	29	27.75	110.15	4.71
1985	14.1	42.4	36	3.35
1986	25.35	12.05	61.35	2.90
1987	16.4	2.55	105.8	2.83
1988	13.9	39.9	121.25	4.77
1989	11.3	6.05	78.85	2.26
1990	22.05	47.1	79.25	4.73
1991	7.25	15.75	38.3	1.79
1992	29.05	41.5	80.5	4.82
1993	12	34.6	53.05	3.18
1994	15.6	29.8	133.3	4.59
1995	7.85	78.65	120.3	6.31
1996	10.1	24.35	98.8	3.44
1997	20.05	23.8	111.35	4.11
1998	20.15	14.05	45.85	2.46
1999	12.25	44.2	55.05	3.69
2000	29.3	8.75	63.5	2.97
2001	7.95	39.55	104.2	4.16
2002	27.55	15	20.75	2.40
2003	16.8	39.9	73.2	4.03
2004	6	18.45	126.15	3.46
2005	5.3	20.55	52.9	2.19
2006	12.35	20.4	69.2	2.82
2007	79.4	33.1	27.4	5.86
2008	18.65	26.85	205.15	5.90
2009	1.05	25.8	59.7	2.36
2010	3.4	10.1	76.65	2.04
2011	23.35	13.45	55.75	2.77
2012	105.5	28.85	86.7	7.97

续表

年份	二对真叶期—花序形成期 (6月16日至7月8日)	花序形成期—开花期 (7月9日至7月28日)	开花期—成熟期 (7月29日至9月22日)	暴雨指数 (SR)
2013	36	12.65	53.25	3.28
2014	19.85	9.95	54.8	2.42
2015	11.55	36.15	42.8	3.05
2016	3.1	31.5	75.35	3.02
2017	34.4	23.1	24.6	3.19
2018	27.8	56.45	127.25	6.33

依据巴彦淖尔市干旱区灌溉农业的特点，构建向日葵的暴雨指数：

$$SR = AR_1/d_1 + AR_2/d_2 + AR_3/d_3 \quad (11-1)$$

式中，SR 为暴雨指数（mm）；AR_1、AR_2、AR_3 分别为二对真叶期—花序形成期、花序形成期—开花期、开花期—成熟期的累计降水量，单位为 mm；d_1、d_2、d_3 分别为上述 3 个发育阶段的日数。本案例中，d_1=21，d_2=21，d_3=55。所构建的暴雨指数（SR）见表 11.3。

11.4.2 暴雨指数与产量相关性分析

巴彦淖尔市灌溉能满足向日葵种植的需水，因此，向日葵单产与降水量不存在显著的相关性。依据暴雨历史灾害事件，可以看出暴雨指数符合 2012 年和 2018 年的暴雨灾害事件的描述。除暴雨事件外，较多的累计降水量对区域向日葵有增产作用（图 11.2）。因此，为控制基差风险，本案例建议适用于邻近气象站点（<15km）内种植的向日葵。

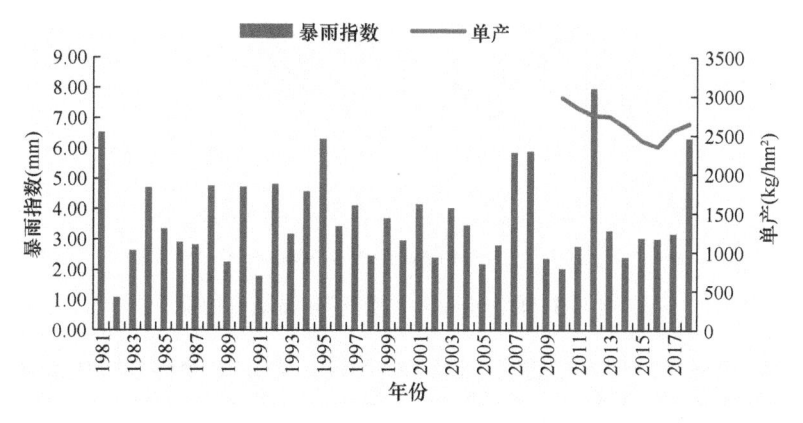

图 11.2 暴雨指数（1981~2018 年）与向日葵单产（2010~2018 年）

分析暴雨指数的概率分布，选取比较具有代表性的 5 种模型：正态分布、3

参数对数正态分布、Logistic 分布、3 参数 Logistic 分布、3 参数 Weibull 分布模型，通过概率分布图选择最优模型（图 11.3）。

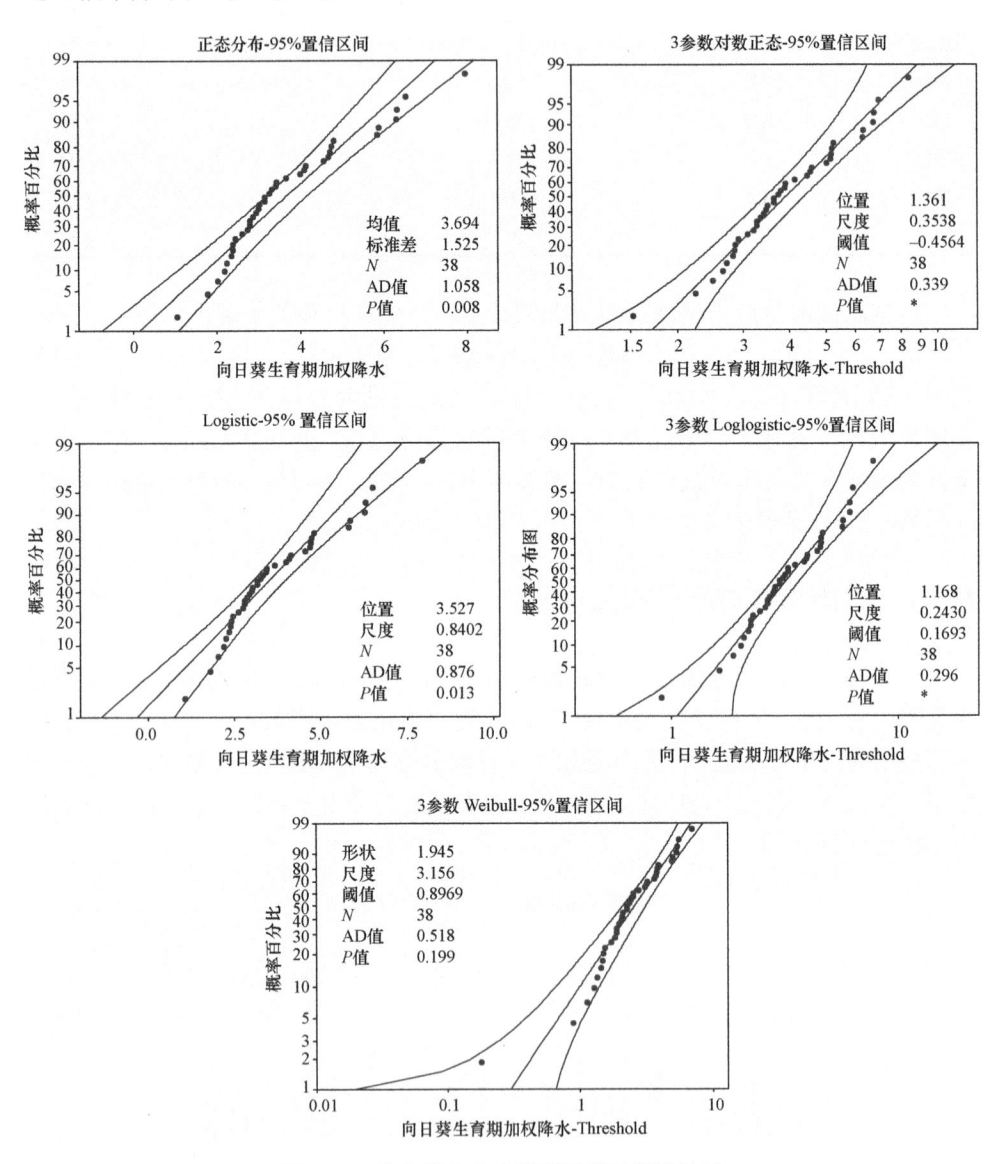

图 11.3　单产概率分布模型及其显著性检验

其中，当概率统计分布的统计检验 $P>0.05$，表明 38 个样本服从该分布，AD 值越小对数据拟合度越好。因此，选取 3 参数 Weibull 分布为巴彦淖尔市向日葵的暴雨指数的最优概率分布。3 参数 Weibull 分布的概率密度函数具体表示为

$$f(x)=\frac{\beta}{\alpha}\left(\frac{x-\mu}{\alpha}\right)^{(\beta-1)}\exp\left[-\left(\frac{x-\mu}{\alpha}\right)^{\beta}\right] \quad x\geqslant\mu;\ \alpha,\ \beta>0 \quad (11\text{-}2)$$

积累分布函数为

$$F(x)=P(X\leqslant x)=1-\exp\left[-(\frac{x-\mu}{\alpha})^{\beta}\right] \quad x\geqslant\mu;\ \alpha,\ \beta>0 \quad (11\text{-}3)$$

式中，x 为随机变量；α 为尺度参数；β 为形状参数；μ 为位置参数。$\alpha=3.156$，$\beta=1.945$，$\mu=0.8969$。AD 值为 0.518，$P=0.199$。

根据暴雨指数（SR）概率分布，计算不同减产率发生的概率及对应 SR 值（表 11.4），进一步可计算纯费率。

表 11.4　暴雨灾害发生概率与对应减产率

灾害等级	SR	发生概率（%）	减产率（%）
轻度受害	4≤SR<6	11.80	5
中度受害	6≤SR<8	7.75	11
重度受害	8≤SR<9	1.10	30
极度受害	9≤SR	0.01	100

11.5　暴雨指数保险费率厘定与保费

11.5.1　费率厘定

保险费率的厘定是天气指数保险的核心，即毛保险费率，由纯费率和附加费率组成。纯费率是保险费率的主要构成部分，是灾害风险的主要体现，纯费率是以长时期平均损失率为基础确定的，其保费是与保险人对正常损失进行赔偿或给付的部分相对应，是保险费率的主要部分；附加费率通常包含安全费率、营业费率、预定节余率，其大小一般按纯费率的一定比例来确定。因此，农业保险费率的计算公式可以写为

$$\text{毛费率}=\text{纯费率}\times(1+\text{安全系数})\div(1-\text{营业费用系数})\div(1-\text{利润率}) \quad (11\text{-}4)$$

经典燃烧分析法是目前天气指数保险定价中最常用的定价方法。假定未来发生损失的概率分布与历史经验分布一致，将历史数据赔付值的期望值作为纯费率的最优估计。纯费率的公式为

$$R=E[\text{loss}]=\sum_{i=1}^{n}x_i p_i \quad (11\text{-}5)$$

式中，R 为纯费率；loss 为向日葵损失率；$E[\text{loss}]$ 为损失期望；x_i 为第 i 类灾害对应的减产率；p_i 为第 i 类灾害发生的概率。

将不同等级灾害发生的概率及对应减产率代入公式中，求得纯费率(R)=1.78%。

将安全系数值定为15%，营业费用系数定为20%，利润率定为5%，得到向日葵暴雨指数保险的毛费率为2.69%。

$$T = \frac{N}{n[1-F(X)]} \tag{11-6}$$

式中，T为重现期（年）；$F(X)$为变量的累积分布函数；N为样本观测时长即研究的时间段；n为观测时段内变量超过某一特定值的次数。

由式（11-6）计算出轻度受害重现期为4年一遇，中度受害为10年一遇。

指数保险的保费为保险费率与保险金额的乘积。计算公式为

$$I = Q \times R' \tag{11-7}$$

式中，I为单位面积保费；Q为单位面积保险金额；R'为保险费率。设定暴雨指数保险的保险金额为1000元/亩，则向日葵暴雨指数保险的纯保费为17.8元/亩，实际保费为26.93元/亩。

11.5.2 赔付设计

保险向日葵发生保险责任范围内的损失，保险人按表11.4计算赔偿。

根据研究确定的灾害指标，当暴雨指数（SR）达到4时启动赔付。即当暴雨指数（SR）≤4时，投保农户的保险赔偿金为0；当暴雨指数（SR）≥9时，达到最大赔付，投保农户的保险赔偿金为1000元。确定每亩赔付金额计算公式如表11.5所示，赔付曲线见图11.4。

表11.5 不同灾害等级下的赔付金额

灾害等级	SR	赔付金额
不受害	SR≤4	0
轻度受害	4<SR≤6	(SR−4)×40
中度受害	6<SR≤8	80+(SR−6)×110
重度受害	8<SR≤9	300+(SR−8)×700
极度受害	9<SR	1000

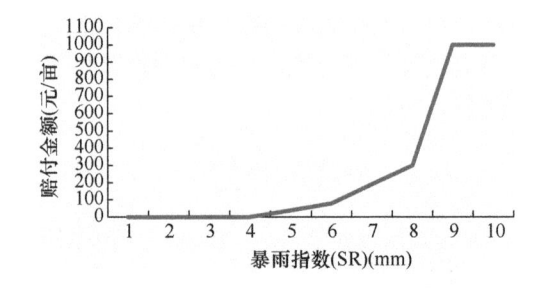

图11.4 暴雨指数（SR）与赔付金额

从 2010～2018 年向日葵实际损失与暴雨指数保险赔付对比（图 11.5）可以看出，指数赔付较好地匹配了 2012 年和 2018 年的暴雨导致的向日葵减产损失，对 2016 年的损失不能体现。1981～2018 年暴雨指数与指数赔付金额历史回溯如图 11.6 所示。

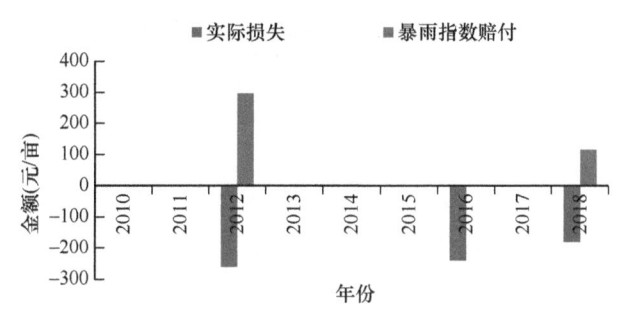

图 11.5　2010～2018 年向日葵实际损失与暴雨指数保险赔付对比（彩图请扫封底二维码）

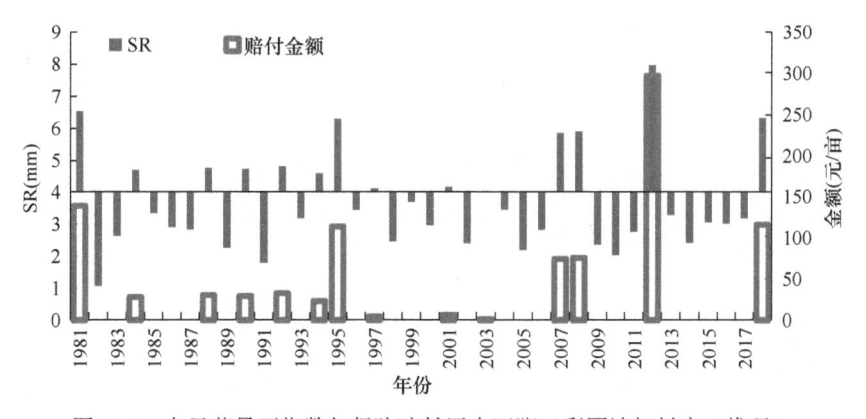

图 11.6　向日葵暴雨指数与保险赔付历史回溯（彩图请扫封底二维码）

11.6　内蒙古自治区巴彦淖尔市向日葵暴雨指数保险条款设计

总　则

第一条　本保险合同由保险条款、投保单、保险单或其他保险凭证以及批单组成。凡涉及本保险合同的约定，均应采用书面形式。

第二条　本保险合同的被保险人必须在巴彦淖尔市从事向日葵种植的专业合作社以及向日葵种植户。

保险标的

第三条　本保险合同的保险标的为被保险人在保险单中载明的投保地理区域

内种植的向日葵,所种向日葵品种是经过内蒙古政府部门审定和推广的合格品种,且符合内蒙古政府主管和农业部门的生产管理要求和种植规范标准。

保险责任

第四条　在保险期间内,当保险向日葵所在投保地理区域内遭遇本保险条款约定的暴雨天气事件时,视为发生保险事故,保险人按照本保险合同的约定负责赔偿。

责任免除

第五条　下列原因造成的损失、费用,保险人不负责赔偿:

(一)战争、军事行动、恐怖行动、敌对行为、武装冲突、民间冲突、罢工、骚乱、暴动;

(二)行政行为或司法行为;

(三)他人的恶意破坏行为,或投保人及其家庭成员、被保险人及其家庭成员、投保人或被保险人雇用人员的故意或重大过失行为、管理不善;

(四)核辐射、核裂变、核聚变、核污染及其他放射性污染;

(五)种子、肥料、农药等存在质量问题或违反技术要求应用种子、肥料、农药等;

(六)未经当地农业技术部门许可,盲目引进新品种,采用不成熟的新技术或管理措施失误(含误用农药)。

第六条　下列损失、费用,保险人也不负责赔偿:

(一)因本合同设置以外的原因导致保险向日葵的损失;

(二)未达到本保险合同约定的气象灾害事件标准情况下的损失;

(三)被保险人的各种间接损失;

(四)根据本条款其他部分内容中的相关约定,保险人应不承担或免除保险责任的各种情形下的损失、费用或责任,或保险人有权予以扣除、减少的部分。

第七条　其他不属于本保险责任范围的损失、费用,保险人也不负责赔偿。

保险期间

第八条　本保险合同的保险期间为6月16日零时起至9月22日二十四时止,在保险单中载明。

保险金额

第九条 巴彦淖尔市向日葵的保险金额为 1000 元/亩，投保人可根据实际种植成本或市场价值选择投保份数，并在保险单中载明。

保险金额（元）=每亩保险金额（元）×保险面积（亩）

保险面积以保险单载明为准。

保　费

第十条 每亩向日葵的保费为 26.93 元。

保费=保险金额×保险费率

保险费率 2.69%。

保险人义务

第十一条 订立本保险合同时，采用保险人提供的格式条款的，保险人向投保人提供的投保单应当附格式条款，保险人应向投保人说明本保险合同的条款内容。对保险合同中免除保险人责任的条款，保险人在订立保险合同时应当在投保单、保险单或者其他保险凭证上作出足以引起投保人注意的提示，并对该条款的内容以书面或者口头形式向投保人作出明确说明。未作提示或者明确说明的，该条款不产生效力。

第十二条 本保险合同成立后，保险人应当及时向投保人签发保险单或其他保险凭证。

第十三条 保险人依据本保险条款所取得的保险合同解除权，自保险人知道有解除事由之日起，超过三十日不行使而消灭。保险人在保险合同订立时已经知道投保人未如实告知的情况的，保险人不得解除保险合同；发生保险事故的，保险人应当承担赔偿责任。

第十四条 保险人按照本保险条款的约定，认为被保险人提供的有关索赔的证明和资料不完整的，应当及时一次性通知被保险人补充提供。

第十五条 保险人收到被保险人的赔偿请求后，应当及时就是否属于保险责任作出核定，并将核定结果通知被保险人。情形复杂的，保险人在收到被保险人的赔偿请求后三十日内未能核定保险责任的，保险人与被保险人根据实际情形商议合理期间，保险人在商定的期间内作出核定结果并通知被保险人。对属于保险责任的，在与被保险人达成有关赔偿金额的协议后十日内，履行赔偿义务。

保险人依照前款的约定作出核定后，对不属于保险责任的，应当自作出核定

投保人、被保险人义务

第十六条　投保人应履行如实告知义务，如实回答保险人就保险向日葵或被保险人的有关情况提出的询问，并如实填写投保单。

投保人故意或者因重大过失未履行前款规定的如实告知义务，足以影响保险人决定是否同意承保或者提高保险费率的，保险人有权解除保险合同。保险合同自保险人的解约通知书到达投保人或被保险人时解除。

投保人故意不履行如实告知义务的，保险人对于保险合同解除前发生的保险事故，不承担赔偿责任，并不退还保费。

投保人因重大过失未履行如实告知义务，对保险事故的发生有严重影响的，保险人对于保险合同解除前发生的保险事故，不承担赔偿责任，但应当退还保费。

第十七条　除另有约定外，投保人应在保险合同成立时交清保费。保费缴清前发生的保险事故，保险人不承担赔偿责任。

第十八条　保险向日葵转让的，被保险人或者受让人应当及时通知保险人。

第十九条　被保险人向保险人请求赔偿时，应向保险人提供下列证明和资料：

（一）保险单正本或保险凭证；

（二）索赔申请书。

被保险人未履行前款约定的义务，导致保险人无法核实损失情况的，保险人对无法核实的部分不承担赔偿责任。

第二十条　被保险人在请求赔偿时应当如实向保险人说明与受损保险向日葵有关的其他保险合同的情况。

赔付处理

第二十一条　保险事故发生时，被保险人对保险巴彦淖尔市向日葵不具有保险利益的，不得向保险人请求赔偿保险金。

第二十二条　在保险单约定的投保地理区域内，保险巴彦淖尔市向日葵发生保险责任范围内的损失，保险人按以下方式计算赔偿：

（一）投保人和保险人一致同意，投保地理区域内以本保险合同约定的临河气象站和乌拉特前旗气象站作为最佳气象站，并且以上述气象站观测的气象数据作为确定为灾害事故的依据，其他任何气象站观测的气象数据不得作为认定相应事件的依据。

（二）根据保险期间内的暴雨对应的赔偿标准来衡量其造成保险巴彦淖尔市向日葵的损失是基于历史经验对实际损失的最佳估计，是双方都认可的合理、有效的损失计算方法。用该方法计算的损失和赔款，可能高于被保险人的实际损失，也可能低于被保险人的实际损失。投保人和保险人一致同意，无论实际损失如何，最终赔偿金额均根据本保险合同约定的暴雨事件对应的赔偿计算标准确定。

（三）赔偿计算公式如表 11.6：

表 11.6 暴雨指数对应的赔付金额计算方法

SR（mm）	赔付金额（元/亩）
SR≤4	0
4<SR≤6	(SR–4)×40
6<SR≤8	80+(SR–6)×110
8<SR≤9	300+(SR–8)×700
9<SR	1000

保险向日葵发生保险责任范围内的损失，保险人根据保险单约定的临河区和乌拉特前旗国家级气象观测站点数据计算暴雨指数。暴雨指数（SR）取 6 月 16 日零时起至 9 月 22 日两站加权降水累计值，当 SR 高于 4mm 启动赔付，按照上表中的公式分别计算不同指数范围对应的赔偿金额。其中，SR（mm）计算见下式：

$$SR = AR_1/d_1 + AR_2/d_2 + AR_3/d_3$$

式中，AR_1、AR_2、AR_3 分别为 6 月 16 日至 7 月 8 日、7 月 9 日至 7 月 28 日、7 月 29 日至 9 月 22 日 3 个阶段临河站、乌拉特前旗站逐日降水量均值的累计值，单位为 mm；d_1=21、d_2=21、d_3=55 分别为上述 3 个发育阶段的日数。

争议处理

第二十三条　因履行本保险合同发生的争议，由当事人协商解决。协商不成的，提交保险合同载明的仲裁机构仲裁；保险合同未载明仲裁机构或者争议发生后未达成仲裁协议的，依法向人民法院起诉。

第二十四条　与本保险合同有关的以及履行本保险合同产生的一切争议，适用中华人民共和国法律（不适合港澳台地区相关规定）。

其他事项

第二十五条　本保险合同自成立时起生效。

第二十六条　保险责任开始前，投保人要求解除保险合同的，保险人将已收取的保费退还投保人；保险责任开始后，投保人要求解除保险合同的，保险人对保险责任开始之日起至保险合同解除之日止期间的保费，按日比例计收，剩余部分退还投保人。

除另有约定外，保险人要求解除保险合同的，应提前十五日向投保人发出解约通知书，保险人按照保险责任开始之日起至保险合同解除之日止期间与保险期间的日比例计收保费，并退还剩余部分保费。

但在保险合同有效期内，投保人、保险人均不得因保险巴彦淖尔市向日葵的受灾程度发生变化增加保费或者解除本保险合同。

第二十七条　保险向日葵发生全部损失，属于保险责任的，保险人在履行赔偿义务后，本保险合同终止；不属于保险责任的，本保险合同终止，保险人按日比例计收自保险责任开始之日起至损失发生之日止期间的保费，并退还剩余部分保费。

第 12 章　辽宁省大连市海参高温热害指数保险产品研发指引

12.1　标　的　确　定

海参因极高的营养和药用价值满足了现代人对健康消费的需要而备受推崇。我国海参产量逐年增长，年增长比率基本稳定在 7%左右。2019 年我国海参总产量已达到 17.2 万 t，其中辽宁省海参总产量接近 10 万 t，居全国首位。大连市作为辽宁省海参养殖主产区，2007 年海参产量达 2.5 万 t，年产值 50 亿元；2017 年海参产量逾 5 万 t，全产业链产值达 200 亿元，占中国海参总产量的 40%。2005 年大连海参被认定为中国国家地理标志产品，2020 年大连市大连海参中国特色农产品优势区被认定为第三批中国特色农产品优势区。

12.1.1　辽宁省大连市海参养殖现状

大连市位于辽东半岛南端，靠近渤海，区域内湖泊、江河纵横交织，丰富的海洋资源与水资源，使得海参养殖的自然资源优势明显。目前大连市共有 1 个国家级、4 个省级和 23 个市级海参良种场。海参养殖与加工产业重点集中在沙河口区、金州区和中山区。大连海参养殖方式以圈养为主，围堰养殖为辅，少量底播养殖。按百分比划分，50%为池塘养殖，20%为潮间带垒石养殖，15%为围堰养殖，10%为海上筏式养殖，5%为放流养殖。

12.1.2　辽宁省大连市海参养殖保险扶持政策

2012 年和 2013 年中央一号文件分别提出"扶持发展渔业互助保险"和"开展渔业保险保费补贴"。2013 年国务院印发的《关于促进海洋渔业持续健康发展的若干意见》中提出"完善渔业保险支持政策，积极开展海水养殖保险"。2013 年 3 月 1 日实施的《农业保险条例》明确了渔业互助保险组织的法律地位；6 月国务院召开的"全国现代渔业建设工作电视电话会议"上，提出要"支持发展渔业互助保险，鼓励发展渔业商业保险，积极开展海水养殖保险"。从 2015 年开始大连市就启动了由政府补贴的政策性水产养殖保险试点，政府补贴保费的 30%。

中国渔业互保协会与大连瓦房店市海参协会在 2013 年 8 月 16 日正式签署了海参互助保险统保协议,从而诞生了国内海参养殖保险第一单。同时,中国渔业互保协会还与中航安盟财产保险有限公司签署了共保协议。太平财产保险有限公司 2015 年推出了大连市海参养殖气温指数保险。

12.2　资料与数据收集

保险产品设计涉及的主要数据与资料如下。

（1）气象数据。辽宁省各气象站的日平均气温。

（2）海参的产量资料。2008～2019 年辽宁省海参产量和养殖面积,来源于《中国渔业统计年鉴》。

（3）其他资料。海参产值、个别年份灾害性天气等来源于新闻报道。

12.3　农业生产关联的气象风险识别与分析

12.3.1　气象灾害风险

研究表明,海水温度和盐度是影响海参生长的主要因素,气温和降水是影响海温和盐度的主要气象要素。因此,夏季高温、强降雨、台风等是影响海参生长,导致海参死亡的主要气象条件。

高温,是指持续时间较长、气温大于 30℃的高温天气。海参属于温寒带品种,不喜高温,适宜温度为 5～20℃,高于 20℃开始进入夏眠,达到 32℃超过 48h 就会融化。高温导致水中缺氧,海水大量蒸发,池塘表层海水盐度升高。

强降雨,是指暴雨或持续连阴雨天气。暴雨会使池塘内盐度降低或水体上下分层,上层水体盐度低,底层水体盐度高从而造成底层快速升温。

台风,会带来狂风、暴雨,且持续时间长、强度大。大风会改变池塘水质、降低水体含氧量,暴雨使海水盐度降低,水体上下分层。

受气候变暖影响,夏季持续高温是造成海参减产的主要气象灾害。近年来北方地区海参养殖受到高温威胁越来越严重,经常有大面积海参死亡。2018 年 7 月下旬起,经历了长时间、大范围、高强度的高温天气。据央视财经报道,高温天气造成辽宁海参面积损失超过 6.3 万 hm^2,产量损失 6.8 万 t,直接经济损失达 68.7 亿元。其中,大连海参受灾面积为 4.2 万 hm^2,死亡率 70%,产量损失 4.41 万 t,经济损失 40 亿元。据统计,这次高温灾害,人工池塘养殖受影响几乎 100%,围堰养殖受影响范围为 30%～40%,深海底播养殖几乎未受影响。

12.3.2 辽宁海参单产与减产率分析

采用气象产量时间序列模拟方法，通过运用 3 年滑动平均、5 年滑动平均、二次曲线、三次曲线等方法对趋势产量进行拟合，以模拟产量与实际产量拟合效果最好为目标，筛选出 5 年滑动平均法为趋势产量的模拟方法。对 2008~2019 年辽宁海参单产进行分析（图 12.1），有 4 个年份（占样本总数的 33.3%）产量低于平均值，低于 1 个标准差的年份分别为 2009 年、2018 年和 2019 年，初步判断这 3 年气象灾害导致了海参较大的产量损失。

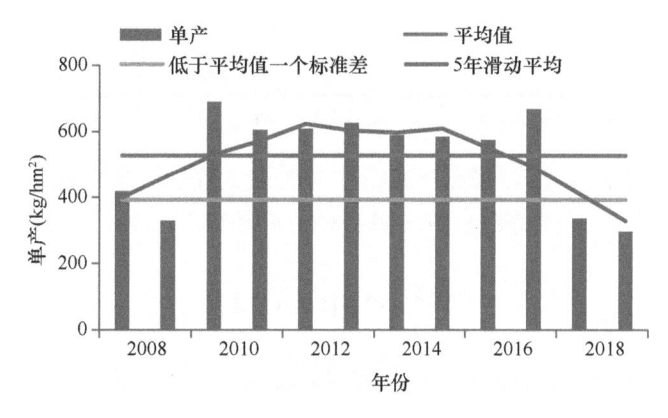

图 12.1　2008~2019 年辽宁海参单产分析

12.4　天气指数构建与模型建立

池塘养殖水深一般在 1.5m 以上。围塘养殖水温与气温之间呈线性趋势关系，围塘养殖日平均水温高于气温，水深 0.5m 处水温与气温平均相差 1.8℃。彭安德（2015）研究发现池塘夏季水温为垂直分布，在 0~0.8m 水层，池塘水温下降；0.8~1.6m 水温增加；1.6~1.8m 水温恒定。结合以上研究推断，养殖池 0.8m 处水温最低，夏季水温与气温之差最小为 1.4℃。

胡鲲等（2014）制定连续 3 天气温高于 30℃为海参养殖高温警戒指标，王晓丽（2019）提出，累计 3 天海水温度超过 90℃发生高温热害。结合二者研究，选择日最高气温连续 3 天及以上气温高于 30℃的次数（HI_1）、日最高气温超过 30℃最大连续天数（HI_2）、连续 3 天最高气温累计高于 85.8℃的次数（HI_3）、连续 3 天最高气温累计最大值（HI_4）、日最高气温超过 28.6℃最大连续天数（HI_5）共 5 个指标与辽宁海参减产率进行分析（表 12.1），选择相关性最好的指标作为大连海参高温天气指数。

表 12.1　减产率与各高温指数的相关性分析

年份	减产率（%）	HI$_1$	HI$_2$	HI$_3$	HI$_4$	HI$_5$
2008	0	0	0	6	86.6	2
2009	28.98	1	6	9	94.9	9
2010	0	0	1	4	87.8	3
2011	0	0	0	0	84.5	1
2012	2.37	0	0	0	85.7	2
2013	0	0	0	6	87.9	3
2014	1.23	0	2	5	91.9	3
2015	4.01	0	1	9	90.8	4
2016	0	0	2	12	90.3	5
2017	0	1	3	15	94.4	8
2018	18.02	2	9	32	103.2	11
2019	10.07	3	6	18	94.4	9
相关系数（r）		0.567	0.799**	0.481	0.666*	0.734**

注：*为通过 0.05 显著水平检验，**为通过 0.01 显著水平检验

因此，选定 HI$_2$，即日最高气温超过 30℃最大连续天数为海参高温指数[①]。辽宁省海参减产率（Y）与高温指数（HI）对比如图 12.2 所示，二者之间的关系如式（12-1）所示。

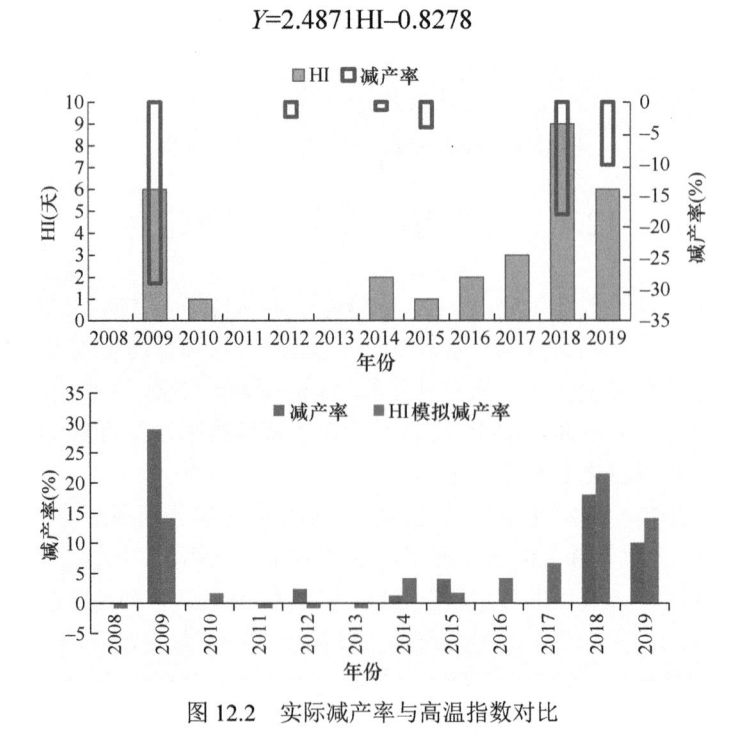

$$Y=2.4871\text{HI}-0.8278 \qquad (12\text{-}1)$$

图 12.2　实际减产率与高温指数对比

[①] HI 表示日最高温度高于 30℃的天数。

对于 1990~2019 年大连高温指数（HI）的概率分布，选取比较具有代表性的 3 种模型：正态分布、Logistic 分布和 3 参数 Weibull 分布模型，通过概率分布图（图 12.3）选择最优模型。

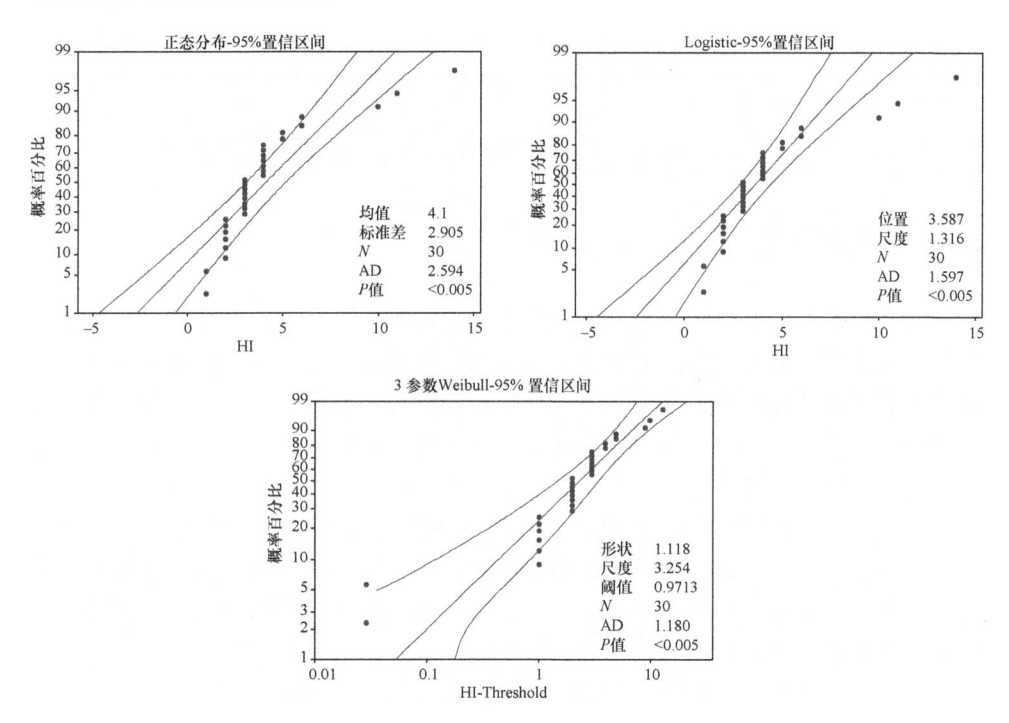

图 12.3 高温指数（HI）概率分布图

其中，AD 值越小，对数据拟合度越好。因此，选取 3 参数 Weibull 分布为 HI 最优概率分布。3 参数 Weibull 分布的概率密度函数为

$$f(x) = \frac{\beta}{\alpha} \left(\frac{x-\mu}{\alpha} \right)^{(\beta-1)} \exp\left[-\left(\frac{x-\mu}{\alpha} \right)^{\beta} \right] \quad x \geq \mu;\ \alpha,\ \beta > 0 \quad (12\text{-}2)$$

累积分布函数为

$$F(x) = P(X \leq x) = 1 - \exp\left[-\left(\frac{x-\mu}{\alpha} \right)^{\beta} \right] \quad x \geq \mu;\ \alpha,\ \beta > 0 \quad (12\text{-}3)$$

式中，x 为随机变量；α 为尺度参数；β 为形状参数；μ 为位置参数。$\alpha=3.254$，$\beta=1.118$，$\mu=0.9713$。计算出不同等级高温灾害出现概率，结合王晓丽（2019）研究中不同等级高温热害的减产率及 2018 年大连人工池塘养殖受高温影响确定对应热害等级的减产率（表 12.2）。

表 12.2 高温热害发生概率与对应减产率

灾害等级	HI	发生概率（%）	减产率（%）
轻度受害	6≤HI<9	13.23	10
中度受害	9≤HI<12	4.43	40
重度受害	12≤HI	2.00	70

12.5 高温热害指数保险费率厘定与保费

12.5.1 费率厘定

保险费率是指毛保险费率，由纯费率和附加费率组成。纯费率是保险费率的主要构成部分，是灾害风险的主要体现，纯费率是以长时期平均损失率为基础确定的，其保费与保险人对正常损失进行赔偿或给付的部分相对应，是保险费率的主要部分；附加费率通常包含安全费率、营业费率、预定节余率，其大小一般按纯费率的一定比例来确定。因此，农业保险费率的计算公式可以写为

$$\text{毛费率}=\text{纯费率}\times(1+\text{安全系数})\div(1-\text{营业费用系数})\div(1-\text{利润率}) \quad (12\text{-}4)$$

经典燃烧分析法是目前天气指数保险定价中最常用的定价方法。它假定未来发生损失的概率分布与历史经验分布一致，将历史数据赔付值的期望值作为纯费率的最优估计。纯费率的计算公式为

$$R=E[\text{loss}]=\sum_{i=1}^{n}x_i p_i \quad (12\text{-}5)$$

式中，R 为纯费率；loss 为海参损失率；$E[\text{loss}]$ 为损失期望；x_i 为第 i 类高温热害对应的减产率；p_i 为第 i 类高温热害发生的概率。

将不同等级灾害发生的概率及对应减产率代入公式中，求得纯费率 $R=4.50\%$。假设安全系数值定为 15%，营业费用系数定为 20%，利润率定为 5%，得到大连海参高温指数保险的毛费率为 6.81%。

指数保险的保费为保险费率与保险金额的乘积。计算公式为

$$I=Q\times R' \quad (12\text{-}6)$$

式中，I 为单位面积保费；Q 为单位面积保险金额；R' 为保险费率。结合目前大连市海参生产的实际情况，以每亩 25 000 元的海参生产物化成本金额计算，得到大连市海参高温指数纯保费为 1125 元/亩，实际保费为 1702.5 元/亩。

12.5.2 赔付设计

根据研究确定的灾害指标，当高温指数（HI）达到 6 时启动赔付。即当高温

指数（HI）<6 时，投保农户的保险赔偿金为 0；当高温指数（HI）≥12 时，达到最大赔付，投保农户的保险赔偿金为 25 000 元。确定每亩赔付金额计算公式如表 12.3 所示，赔付曲线见图 12.4，赔付历史回溯见图 12.5。

表 12.3　每亩赔付金额

灾害等级	HI	赔付金额（元/亩）
不受害	HI<6	0
轻度受害	6≤HI<9	2 500+（HI−6）×2 500
中度受害	9≤HI<12	10 000+（HI−9）×5 000
重度受害	12≤HI	25 000

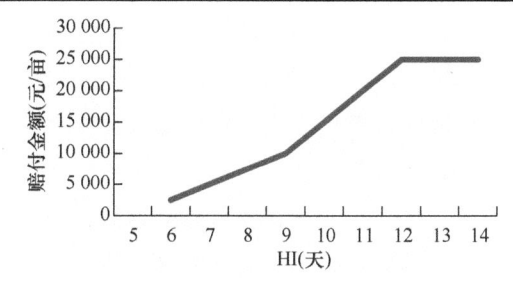

图 12.4　高温指数（HI）与赔付金额

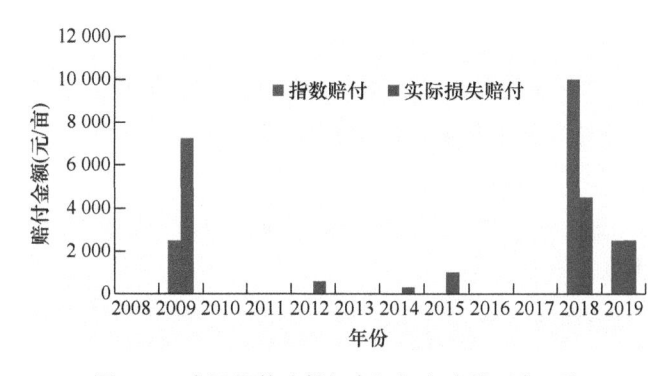

图 12.5　高温指数赔付与实际损失赔付历史回溯

12.6　辽宁省大连市海参高温热害指数保险条款设计

总　则

第一条　本保险合同由保险条款、投保单、保险单或其他保险凭证以及批单组成。凡涉及本保险合同的约定，均应采用书面形式。

第二条　本保险合同的被保险人的投保地理区域为辽宁省大连市，为从事海参养殖的养殖户或养殖企业。

保险标的

第三条 被保险人在投保地理区域内所养殖的、生长和管理符合当地水产养殖标准的海参（以下简称"保险海参"）。

保险责任

第四条 在保险期间内，当保险海参所在投保地理区域发生本合同约定的高温事件导致保险海参的产量损失，保险人按照本合同的约定负责赔偿。

责任免除

第五条 由于下列原因造成的损失、费用，保险人不负责赔偿：

（一）投保人、被保险人及其代表的故意或重大过失行为；

（二）他人的盗窃、毁坏行为；

（三）保险期间内，被保险人自行毁掉保险海参的；

（四）保险期间内，保险海参处于无人照管状态的；

（五）参苗、饵料质量问题或采用有瑕疵的管理技术、拒不接受农业生产管理部门技术指导的；

（六）发生保险责任范围内的灾害造成保险海参损失后，被保险人不积极采取措施补救或故意导致损失加重或扩大的部分；

（七）行政行为或司法行为；

（八）战争、类似战争行为、敌对行动、军事行动、武装冲突、罢工、骚乱、暴动、政变、谋反、恐怖活动；

（九）地震、海啸及其次生灾害；

（十）核、核辐射、核裂变、核聚变、核污染及其他放射性污染。

第六条 由于下列损失、费用，保险人也不负责赔偿：

（一）因高温事件以外的原因导致的损失；

（二）因高温事件导致的、但超过本保险合同约定的方法计算所得的损失；

（三）因为保险海参产量减少导致的各种间接损失。

第七条 其他不属于本保险责任范围内的损失、费用，保险人也不负责赔偿。

保险期间

第八条 保险期间根据海参养殖周期由保险人与投保人协商确定，保险期间为当年 5 月 1 日到 9 月 30 日，并在保险单中载明。

保险金额

第九条　保险金额根据养殖成本由投保人和保险人协商确定。本保险每亩海参保额为 25 000 元，保险费率为 6.81%，保费为 1702.5 元。

保险金额（元）=每亩海参保险金额（元）×投保面积（亩）

投保面积以保险单载明为准。

保险人义务

第十条　订立保险合同时，采用保险人提供的格式条款的，保险人向投保人提供的投保单应当附格式条款，保险人应当向投保人说明保险合同的内容。对保险合同中免除保险人责任的条款，保险人在订立合同时应当在投保单、保险单或者其他保险凭证上作出足以引起投保人注意的提示，并对该条款的内容以书面或者口头形式向投保人作出明确说明；未作提示或者明确说明的，该条款不产生效力。

第十一条　保险人在收到投保人填写完整的投保单并同意承保后，应当及时验标，然后向投保人签发保险单或其他保险凭证。

第十二条　保险人需要被保险人提供与索赔有关的必要的证明和资料的，应当及时一次性通知投保人、被保险人补充提供。

第十三条　保险期间结束后，保险人应当在获得数据提供机构提供的相关数据后 10 日内，向被保险人提供高温事件统计及损失计算报告。保险人应同时向保险代理人提供一份所有投保人的高温事件统计及损失计算报告，以备案和供投保人或被保险人查询。当约定的气象站由于故障无法采集相关数据时，保险人退还保费，保险合同终止。

第十四条　保险人应当在公布高温事件统计及损失计算报告后 20 个工作日内，向被保险人指定的账户支付全部赔款。

投保人、被保险人义务

第十五条　订立保险合同，保险人就海参或者被保险人的有关情况提出询问的，投保人应当如实告知。

投保人故意或者因重大过失未履行前款规定的如实告知义务，足以影响保险人决定是否同意承保或者提高保险费率的，保险人有权解除本合同。

投保人投保时应按照保险人要求如实提供投保海参基本情况和生产技术管理

的资料。

投保人故意不履行如实告知义务的，保险人对于合同解除前发生的保险事故，不承担赔偿保金的责任，并不退还保费。

投保人因重大过失未履行如实告知义务，对保险事故的发生有严重影响的，保险人对于合同解除前发生的保险事故，不承担赔偿保险金的责任，但应当退还保费。

保险人在合同订立时已经知道投保人未如实告知的情况的，保险人不得解除合同；发生保险事故的，保险人应当承担赔偿保险金的责任。

第十六条　除另有约定外，投保人应在保险合同成立时全额缴纳保费。保费交清前，本合同不生效，对于保费交清前发生的保险事故，保险人不承担保险责任。

第十七条　被保险人应当允许保险人授权的代表随时对本保单承保的海参产量和/或被保险人的运作进行检查。被保险人应当及时向保险人提供保险人合理要求的、与本保单保险范围内的任何活动或情形相关的所有附加信息，并应遵守保险人制定的所有合理规定和指示并认真付诸实施。

第十八条　在保险期间内，如被保险人在保险合同载明的经营场所经营的业务发生变化、被进行清算或由清算人或财产管理人接管经营，被保险人应及时书面通知保险人。

第十九条　被保险人应当在收到高温事件统计及损失计算报告后 10 个工作日内，向保险人报告实际损失，便于保险人安排防灾救损。

第二十条　被保险人应当在收到高温事件统计及损失计算报告后 10 个工作日内，向保险人提供以被保险人为开户名的银行账号，以便保险人支付赔款。如果赔款为零，则不必提供银行账号。如果因为被保险人没有按照本合同规定及时、准确地向保险人提供银行账号，对此给被保险人造成的损失保险人不承担责任。

第二十一条　被保险人如果对保险人提供的高温事件统计及损失计算报告有异议，应当在收到后 10 个工作日内，以书面报告的形式向保险人提出。如果被保险人对天气数据的准确性有异议，应当向保险人提供数据提供机构盖章证明的天气数据。

赔偿处理

第二十二条　本保险合同的赔偿中当日最高气温值以保险人与被保险人协商

确定的首选气象观测站提供的数据为依据；当约定的气象站由于故障无法采集温度数据时，保险人退还保费，保险合同终止。

第二十三条　保险事故发生时，被保险人对保险海参不具有保险利益的，不得向保险人请求赔偿保险金。

第二十四条　保险海参发生保险责任范围内的损失，保险人先按照下面定义和公式计算高温指数（HI），再按照每亩赔付金额的计算公式进行理赔。

高温指数（HI）：当年5月1日至9月30日期间，日最高气温超过30℃最大连续天数。

$$每亩赔付金额 = \begin{cases} 0 & HI < 6 \\ 2500 + (HI-6) \times 2500 & 6 \leqslant HI < 9 \\ 10\,000 + (HI-9) \times 5000 & 9 \leqslant HI < 12 \\ 25\,000 & 12 \leqslant HI \end{cases}$$

每亩赔偿金额不得超过保单载明的每亩保险金额。

根据本条计算的损失和赔款，可能高于被保险人的实际损失，也可能低于被保险人的实际损失。投保人和保险人一致同意，无论实际损失如何，本保险合同的赔款均根据本合同约定的高温事件和赔款计算方式确定。

第二十五条　保险事故发生时，如果存在重复保险，保险人按照本合同的相应保险金额与其他保险合同及本合同相应保险金额总和的比例承担赔偿责任。其他保险人应承担的赔偿金额，本保险人不负责垫付。若被保险人未如实告知导致保险人多支付赔偿金的，保险人有权向被保险人追回多支付的部分。

争议处理、法律适用

第二十六条　合同争议解决方式由当事人从下列两种方式中选择一种：

（一）因履行本合同发生的争议，由当事人协商解决，协商不成的，提交保险单载明的仲裁委员会仲裁；

（二）因履行本合同发生的争议，由当事人协商解决，协商不成的，依法向人民法院起诉。

第二十七条　本保险合同的争议处理适用中华人民共和国法律（不适合港澳台地区相关规定）。

第13章 内蒙古自治区锡林郭勒盟肉羊干旱指数保险产品研发指引

13.1 标 的 确 定

13.1.1 锡林郭勒盟肉羊养殖现状

锡林郭勒盟是我国北方重要的绿色畜产品生产基地。草地总面积达 19.3 万 km^2，可利用草地面积达 18 万 km^2，占土地总面积的 89.3%。截至 2022 年，锡林郭勒盟现有农牧业产业化龙头企业 116 家，其中，国家级 5 家、自治区级 53 家、盟级 58 家。全盟创建了 30 个农牧业产业化联合体，其中自治区级示范联合体 6 个，年出栏肉羊 760 万只左右，年生产羊肉产品 15 万 t 以上，羊肉产品销往全国各地。

13.1.2 锡林郭勒盟肉羊养殖保险扶持政策

2015 年 8 月 31 日，我国首单草原牧区牛羊旱灾指数保险在锡林郭勒盟乌拉盖管理区产生，首单实现保费收入约 48.09 万元，该保险由中国人民财产保险股份有限公司内蒙古自治区分公司独立承保。随后试点区域扩展到呼伦贝尔市新巴尔虎左旗，并实现保费收入约 5.04 万元。2015 年，该保险为试点地区的两个牧场及 30 位牧户提供风险保障约 649.32 万元，承保羊 22 万只。2016 年，该保险产品在锡林郭勒盟阿巴嘎旗试点。2019 年，该保险在锡林郭勒盟全盟展开试点，保险标的为肉羊，由纯商业保险转为政策性肉羊补贴保险。草原牧区牛羊旱灾指数保险产品试点情况见表 13.1。

表 13.1 历年草原牧区牛羊旱灾指数保险产品简要试点情况

年份	试点地区	保费收入（万元）	赔付（万元）	产品类型
2015	锡林郭勒盟乌拉盖	48.09		不详
2015	呼伦贝尔市新巴尔虎左旗	5.04		不详
2016	锡林郭勒盟阿巴嘎旗	54.83	685	不详
2017	锡林郭勒盟阿巴嘎旗	93	400	不详
2018	鄂尔多斯市	不详	不详	政策性
2019	锡林郭勒盟全盟	不详	不详	纯商业转为政策性

2020年锡林郭勒盟经营农牧业保险业务的公司有6家，政策性农牧业保险承保各类牲畜187 743万头，投保农户6831万户（次），提供风险保障21.7298亿元，已赔付1.1665亿元，受益农牧户1 329 436万户（次）。商业性农牧业保险承保各类牲畜121 470万头，提供风险保障0.75亿元，已赔付317万元。农牧业保险的快速发展，有利于改善畜产品经营主体的经济地位，便于其获得贷款，引导金融资本的流入，促进畜牧业产业化发展，降低金融流通成本。

13.2 资料与数据收集

产品设计涉及的主要数据与资料如下。

（1）气象数据。锡林郭勒盟气象站近30年的日平均气温、降水量。

（2）肉羊的产量资料。2012～2020年肉羊的产量，来源于《锡林郭勒盟统计年鉴》。

（3）其他资料。个别年份灾害性天气等来源于新闻报道和灾害年鉴。

13.3 农业生产关联的气象风险识别与分析

13.3.1 锡林郭勒盟气候特征和主要灾害风险

1. 锡林郭勒盟气候特征

锡林郭勒盟地处中纬度内陆，为西风环流控制区，海拔高、深居内陆，寒冷、雨少、风大是锡林郭勒盟明显的气候特点。四季特点可概括为，春季干旱少雨风多，夏季雨水不均温热短暂，秋季凉爽霜冻较早，冬季寒冷漫长灾害多。

锡林郭勒盟地区气温低，冷季长，大部地区年平均气温在0～3℃，是华北最冷地区之一。全年最冷月份为1月，月平均气温一般在–14℃以下。年极端低温一般出现于1月，可达到–35℃。锡林郭勒盟地区气温最高的时期是7月上旬到8月上旬，最热月平均气温在18～21℃，夏季短促，北部地区只有7月上旬到8月上旬旬平均气温在20℃以上。

锡林郭勒盟地区雨季短促，雨量不足，年平均降水量大部地区在200～350mm。6～8月是草原的主要降雨时节，雨量约占全年总降水量的70%。但地区差异较明显，正蓝旗、正镶白旗以南及锡林浩特市以东降水量一般在200mm以上；阿巴嘎旗以西、正镶白旗北部和镶黄旗、东乌珠穆沁旗西部不足200mm；二连浩特不足100mm；普雨和连阴雨较少，多数为分布不均匀的阵性降雨，由于多阵性降雨，局部暴雨、冰雹也时有发生，降水年季变化率大，故常有区域性或阶段性干旱发生。

2. 锡林郭勒盟气象灾害类型

锡林郭勒盟自然灾害频繁，最主要的灾害有干旱、白灾、洪涝、暴风雪、沙尘暴、寒潮、冷雨和冰雹等。各种自然灾害直接威胁畜牧业生产，特别是干旱、低温、霜冻等对草原牧草的生长危害较大。

13.3.2　产草量与气象条件的分析

放牧草原羊肉的产量与牧草产量密切相关，而气象因素是决定牧草产量的重要条件。有研究表明，牧草（鲜草、干草）产量与积温和降水量存在显著的相关关系。禾本科、杂类草、总产的干草、鲜草重与积温和降水建立的回归模型（表 13.2）可用于牧草产量监测。

表 13.2　产草量模型与检验

类型		回归模型	相关系数（r）
干草重	禾本科	$y_1 = -12.2257 + 0.0468x_1 + 0.2048x_2$	0.695
	杂类草	$y_2 = -7.0565 - 0.0187x_1 + 0.1830x_2$	—
	总产	$y_3 = 5.2917 + 0.0290x_1 + 0.3851x_2$	0.745
鲜草重	禾本科	$y_4 = 134.1735 + 0.0377x_1 + 0.5011x_2$	0.746
	杂草类	$y_5 = 9.1117 - 0.1104x_1 + 0.6132x_2$	—
	总产	$y_6 = 143.4594 - 0.07191x_1 + 1.1116x_2$	0.739

注：y_1、y_2、y_3 分别为禾本科干草重、杂类草干草重及总干草重；y_4、y_5、y_6 分别为禾本科鲜草重、杂类草鲜草重及总鲜草重；x_1 为≥0℃积温；x_2 为从前一年 11 月开始累计的降水量；r 为产草量与 2012～2020 年肉羊出栏率的相关系数

产草量与 2012～2020 年肉羊出栏率相关性分析表明，其中，杂草类干草重与杂草类鲜草重回归模型在模拟 2012～2020 年产草量时，模拟出现了与积温的伪负相关，因此排除 y_2、y_5、y_6 模型。禾本科鲜草重回归模型，即 y_4 模型的模拟结果与肉羊出栏率的相关性最好，且通过了 0.01 极显著检验。因此，选定 y_4 为产草量的估算模型。

13.3.3　气象灾害风险分析

采用气象产量时间序列模拟方法，通过运用 3 年滑动平均、5 年滑动平均、二次曲线、三次曲线等方法对趋势产量进行拟合，以模拟产量与实际产量拟合效果最好为目标，筛选出三次曲线为趋势产量的模拟方法。对 2012～2020 年锡林郭勒盟产草量分析表明（图 13.1），有 5 个年份（大于总样本数的 50%）产量低于平

均值。其中，2017 年产草量最低，低于 1 个标准差；另外 2014 年产草量次低。因此，初步判断这 2 年气象灾害导致了较大的产量损失。

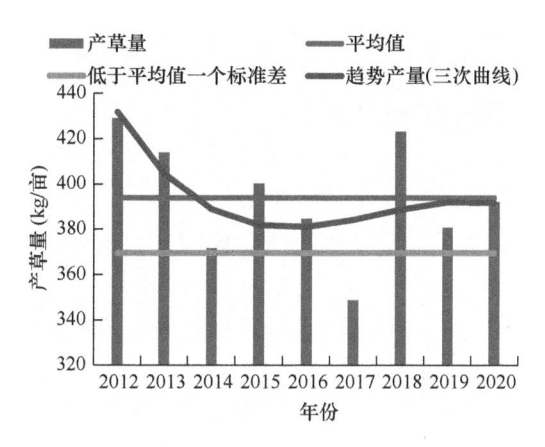

图 13.1　2012~2020 年锡林郭勒产草量（彩图请扫封底二维码）

基于产草量分析结果，通过查阅相关年鉴及报道记录，查明减产较大的 2 年发生的气象灾害如下。

（1）2014 年夏季内蒙古发生近 3 年最严重的干旱。2014 年进入 6 月后，内蒙古大部降水普遍偏少，尤其是 7 月中下旬温高雨少，致使干旱发生并迅速发展。旱灾造成草场受灾面积达 3384.7 万 hm^2。

（2）2017 年内蒙古发生严重的春夏连旱。3 月至 6 月中旬降水量大部地区偏少 5 成以上，干旱面积达 61%，牧草受灾面积 1697 万 hm^2。

13.4　天气指数构建与模型建立

依据影响产草量的气象条件和灾害风险因子分析，选取了 3 个天气指标：一是降水量指标，包括降水距平百分率（DI$_1$）和湿度指标（DI$_2$）；二是温度与降水共同影响的综合指标，即水热系数指标（DI$_3$）。

降水量指标是一种以某地某时段的降水量确定旱涝标准的定量指标，主要用于地下水位较深且无灌溉条件的雨养农业区，也适用于天然牧场或无灌溉的人工牧场。

降水距平百分率是指某时期降水量与同期多年平均降水量的距平百分率，反映了该时期降水量相对于同期平均状态的偏离程度，是一个具有时空对比性的相对指标。降水距平百分率定义如下：

$$M_i = \frac{R_i - \bar{R}}{\bar{R}} \times 100\% \tag{13-1}$$

式中，M_i 为降水距平百分率；R_i 为某年某时期降水量；$\bar{R}$ 为同期多年平均降水量。该方法在我国气象部门日常业务中经常使用，基于该指标已提出了不同地区的干旱划分标准及特定作物的气候干旱指数。

湿度指标是假设降水量为常态分布时的降水变异系数，用以表征旱涝程度，也称为标准差指标。湿度指标定义如下：

$$I_i = \frac{X_i - \bar{X}}{\sigma} \qquad (13\text{-}2)$$

式中，I_i 为湿度指标；X_i 为某地某年的降水量；$\bar{X}$ 为该地多年平均降水量；σ 为该地多年降水量的标准差。

水热系数指标（K_ω）是利用降水量和积温表示的干旱指标，由苏联农业气候学家谢良尼诺夫于 1971 年提出，定义如下：

$$K_\omega = \frac{\sum P}{0.1 \sum T_{\geq 10℃}} \qquad (13\text{-}3)$$

式中，$\sum P$、$\sum T_{\geq 10℃}$ 分别为降水量总和与日均气温≥10℃的积温。该指标虽然大多用于评价气候干旱，但是积温与降水量是作物正常生长发育的重要因子，因而也可作为评估牧草水分胁迫的指标。

3 个干旱指标与锡林郭勒盟牧草减产率分析（表 13.3）表明，降水距平百分率 DI_1 与牧草减产率相关性最好，因此，选定降水距平百分率指标作为锡林郭勒盟肉羊干旱指数。

表 13.3　锡林郭勒盟牧草减产率与干旱指标的相关性分析

年份	减产率（%）	DI_1	DI_2	DI_3
2012	0.61	0.276 594 290	0.995 538 686	1.347 178 199
2013	0	0.131 292 255	0.409 341 073	1.249 746 132
2014	4.41	−0.211 396 144	−0.759 191 645	0.846 878 915
2015	0	0.088 405 988	0.099 502 622	1.018 508 980
2016	0	−0.093 628 055	−0.270 928 04	1.473 527 093
2017	9.22	−0.402 575 515	−1.342 877 431	0.999 671 727
2018	0	0.250 029 565	0.948 276 719	1.550 880 257
2019	2.88	−0.103 425 71	−0.439 807 608	1.318 590 546
2020	0	0.097 054 988	0.540 218 438	1.510 046 497
相关系数（r）		0.812**	0.782**	0.533

注：**为通过 0.01 显著水平检验

根据上述分析得知锡林郭勒盟肉羊出栏率与牧草减产率存在极显著的相关关系，牧草减产率（Y）（%）与干旱指数（DI）（降水距平百分率，%）也存在极显著的相关关系（图13.2），线性回归方程如式（13-4）所示：

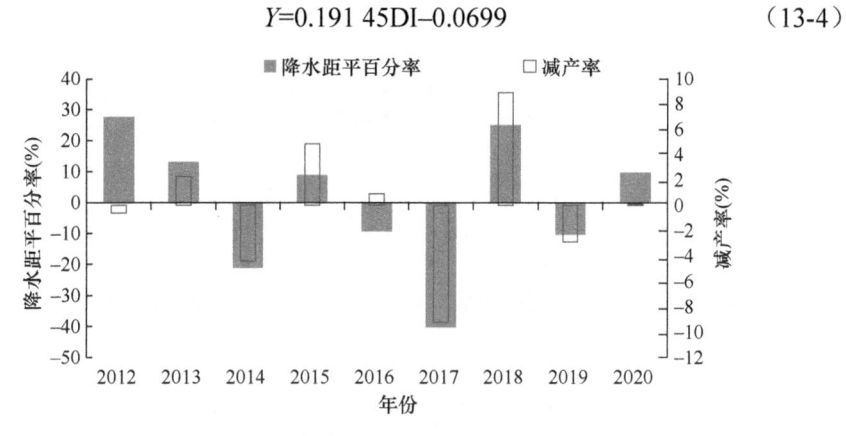

$$Y = 0.19145DI - 0.0699 \tag{13-4}$$

图 13.2 减产率与干旱指数（DI）对比

分析 1991~2020 年锡林郭勒盟干旱指数（DI）的概率分布，选取比较具有代表性的 3 种模型：正态分布、Logistic 分布和 3 参数 Weibull 分布模型，通过概率分布图（图13.3）选择最优模型。

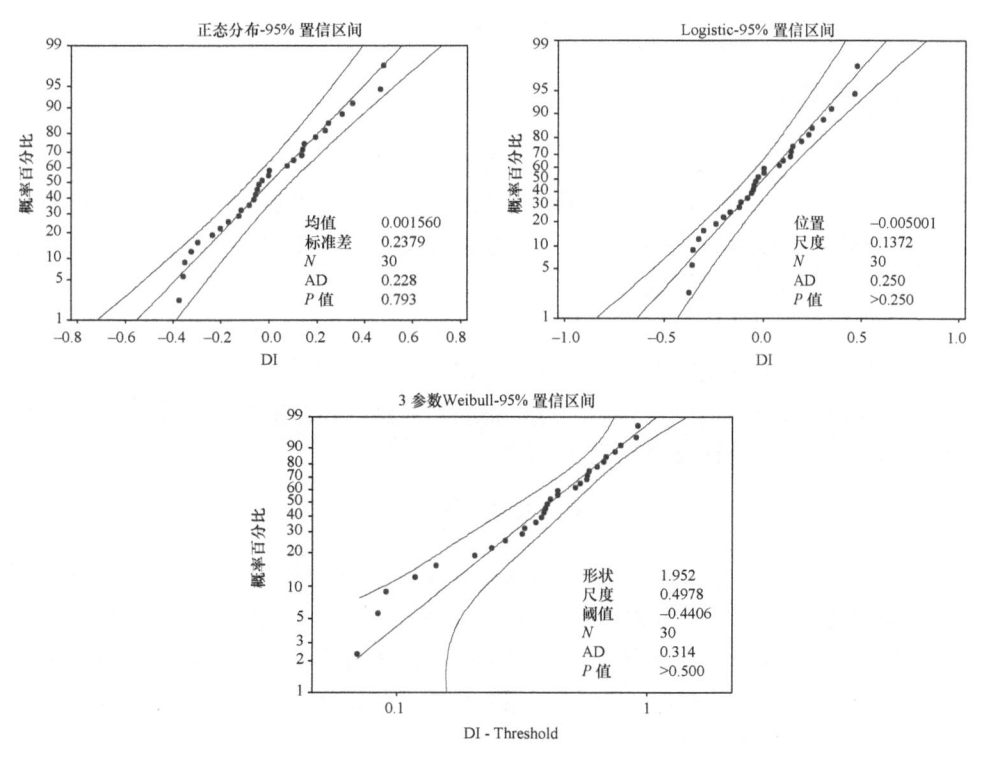

图 13.3 干旱指数（DI）概率分布图

其中正态分布的 AD 值最小，因此，选取正态分布为 DI 最优概率分布。正态分布的概率密度函数为

$$f(x)=\frac{1}{\sigma\sqrt{2\pi}}\mathrm{e}^{-\frac{(x-\mu)^2}{2\sigma^2}} \tag{13-5}$$

积累分布函数为

$$F(x)=\frac{1}{\sigma\sqrt{2\pi}}\int_{-\infty}^{x}\mathrm{e}^{-\frac{(x-\mu)^2}{2\sigma^2}}\mathrm{d}x \tag{13-6}$$

式中，x 为随机变量；σ 为标准差；μ 为均值。σ=23.79，μ=0.156，计算出不同等级干旱灾害出现概率（表 13.4）。

表 13.4 干旱发生概率与对应牧草减产率

灾害等级	DI（%）	发生概率（%）	减产率（%）
轻度受害	−20≤DI<0	29.90	1.98
中度受害	−40≤DI<−20	15.27	5.81
重度受害	DI≤−40	4.57	9.16

13.5 干旱指数费率厘定与赔付设计

13.5.1 费率厘定

纯费率是以长时期平均损失率为基础确定的，其保费与保险人对正常损失进行赔偿或给付的部分相对应，是保险费率的主要部分；附加费率通常包含安全费率、营业费率、预定节余率，其大小一般按纯费率的一定比例来确定。因此，农业保险费率的计算公式可以写为

毛费率=纯费率×(1+安全系数)÷(1−营业费用系数)÷(1−利润率) （13-7）

经典燃烧分析法是目前天气指数保险定价中最常用的方法。它假定未来发生损失的概率分布与历史经验分布一致，将历史数据赔付值的期望值作为纯费率的最优估计。纯费率的计算公式为

$$R=E[\mathrm{loss}]=\sum_{i=1}^{n}x_i p_i \tag{13-8}$$

式中，R 为纯费率；loss 为损失率；$E[\mathrm{loss}]$ 为损失期望；x_i 为第 i 类灾害对应的减产率；p_i 为第 i 类干旱发生的概率。

将不同等级灾害发生的概率及对应减产率代入公式中，求得纯费率 R=1.90%。假设安全系数值定为 15%，营业费用系数定为 20%，利润率定为 5%，得到肉羊干旱指数保险的毛费率为 2.89%。

指数保险的保费为保险费率与保险金额的乘积。计算公式为

$$I = Q \times R' \tag{13-9}$$

式中，I 为单位标的保费；Q 为单位保险金额；R' 为保险费率。结合目前锡林郭勒盟肉羊生产的实际情况，以每只肉羊的生产物化成本为 900 元，得到锡林郭勒盟肉羊干旱指数纯保费为 17.10 元/只，实际保费为 25.87 元/只。

13.5.2 赔付设计

根据研究确定的灾害指标，当干旱指数（DI）达到 0 时启动赔付。依据产草量减产率对肉羊造成损失的关系，1 次灾害事件的最大赔付额应为 19.145%×900 元。设定，当干旱指数（DI）>0 时，投保农户的保险赔偿金为 0；当干旱指数（DI）≤−60%时，达到最大赔付，投保农户的每只羊的保险赔偿金为 19.145%×900 元。确定每只羊的赔付金额计算公式如表 13.5 和图 13.4 所示。指数赔付与历史减产赔付的模拟对比结果满意（图 13.5）。

表 13.5　依据干旱指数每只羊的赔付金额

灾害等级	DI（%）	赔付金额（元/只）
不受害	DI≥0	0
轻度受害	−40<DI<0	0–19.145%×900×DI/100
中度受害	−40≤DI<−60	19.145%×900×[1−3×（DI+60）/100]
重度受害	DI≤−60	19.145%×900

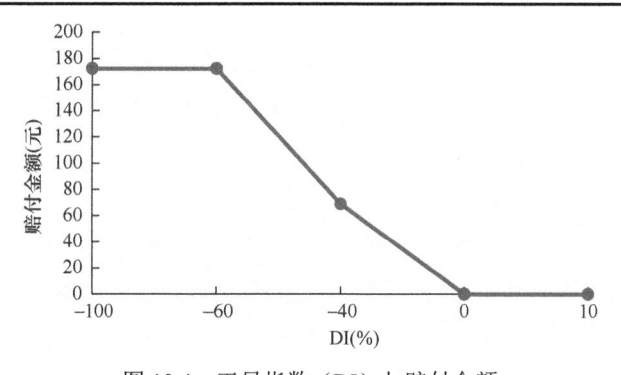

图 13.4　干旱指数（DI）与赔付金额

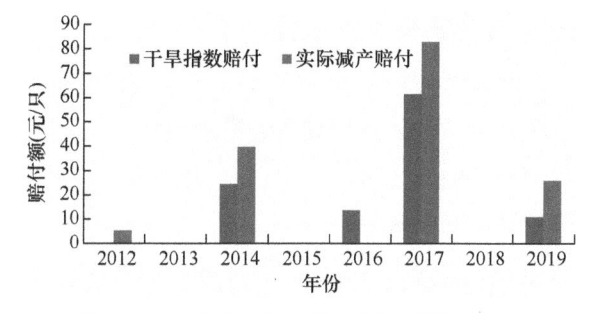

图 13.5　干旱指数赔付与实际减产赔付对比

13.6 内蒙古自治区锡林郭勒盟肉羊干旱指数保险条款设计

总　则

第一条　本保险合同（以下简称为"本合同"）由保险条款、投保单、保险单、保险凭证以及批单组成。凡涉及本合同的约定，均应采用书面形式。

第二条　本合同的投保地理区域为内蒙古锡林郭勒盟。

保险标的

第三条　被保险人在投保地理区域内所养殖的、生长和管理符合当地养殖标准的肉羊（以下简称"保险肉羊"）。

保险责任

第四条　在保险期间内，当保险肉羊所在投保地理区域发生本合同约定的干旱事件导致保险肉羊的产量损失，保险人按照本合同的约定负责赔偿。

责任免除

第五条　由于下列原因造成的损失、费用，保险人不负责赔偿：

（一）投保人、被保险人及其代表的故意或重大过失行为；

（二）他人的盗窃、毁坏行为；

（三）保险期间内，被保险人自行毁掉保险肉羊的；

（四）保险期间内，保险肉羊处于无人照管状态的；

（五）饲料质量问题或采用有瑕疵的管理技术、拒不接受农业生产管理部门技术指导的；

（六）发生保险责任范围内的灾害造成保险肉羊损失后，被保险人不积极采取措施补救或故意导致损失加重或扩大的部分；

（七）行政行为或司法行为；

（八）战争、类似战争行为、敌对行动、军事行动、武装冲突、罢工、骚乱、暴动、政变、谋反、恐怖活动；

（九）地震、海啸及其次生灾害；

（十）核、核辐射、核裂变、核聚变、核污染及其他放射性污染。

第六条　由于下列损失、费用，保险人也不负责赔偿：

（一）因干旱事件以外的原因导致的损失；

（二）因干旱事件导致的，但超过本合同约定的方法计算所得的损失；

（三）因为保险肉羊产量减少导致的各种间接损失。

第七条 其他不属于本保险责任范围内的损失、费用，保险人也不负责赔偿。

保险期间

第八条 保险期间根据肉羊养殖周期由保险人与投保人协商确定，保险期间为当年4月1日到9月30日，并在保险单中载明。

保险金额

第九条 保险金额根据养殖成本由投保人和保险人协商确定。本保险的每只肉羊保额为900元，保险费率为2.89%，保费为25.87元。

保险金额=每只肉羊保险金额×投保数量

投保数量以保险单载明为准。

保险人义务

第十条 订立保险合同时，采用保险人提供的格式条款的，保险人向投保人提供的投保单应当附格式条款，保险人应当向投保人说明保险合同的内容。对保险合同中免除保险人责任的条款，保险人在订立合同时应当在投保单、保险单或者其他保险凭证上作出足以引起投保人注意的提示，并对该条款的内容以书面或者口头形式向投保人作出明确说明；未作提示或者明确说明的，该条款不产生效力。

第十一条 保险人在收到投保人填写完整的投保单并同意承保后，应当及时验标，然后向投保人签发保险单或其他保险凭证。

第十二条 保险人需要被保险人提供与索赔有关的必要的证明和资料的，应当及时一次性通知投保人、被保险人补充提供。

第十三条 保险期间结束后，保险人应当在获得数据提供机构提供的相关数据后10日内，向被保险人提供干旱事件统计及损失计算报告。保险人应同时向保险代理人提供一份所有投保人的干旱事件统计及损失计算报告，以备案和供投保人或被保险人查询。当约定的气象站由于故障无法采集相关数据时，保险人退还保费，保险合同终止。

第十四条 保险人应当在公布干旱事件统计及损失计算报告后20个工作日

内,向被保险人指定的账户支付全部赔款。

<h3 style="text-align:center">投保人、被保险人义务</h3>

第十五条 订立保险合同,保险人就肉羊或者被保险人的有关情况提出询问的,投保人应当如实告知。

投保人故意或者因重大过失未履行前款规定的如实告知义务,足以影响保险人决定是否同意承保或者提高保险费率的,保险人有权解除本合同。

投保人投保时应按照保险人要求如实提供投保肉羊基本情况和生产技术管理的资料。

投保人故意不履行如实告知义务的,保险人对于合同解除前发生的保险事故,不承担赔偿保金的责任,并不退还保费。

投保人因重大过失未履行如实告知义务,对保险事故的发生有严重影响的,保险人对于合同解除前发生的保险事故,不承担赔偿保险金的责任,但应当退还保费。

保险人在合同订立时已经知道投保人未如实告知的情况的,保险人不得解除合同;发生保险事故的,保险人应当承担赔偿保险金的责任。

第十六条 除另有约定外,投保人应在保险合同成立时全额缴纳保费。保费交清前,本合同不生效,对于保费交清前发生的保险事故,保险人不承担保险责任。

第十七条 被保险人应当允许保险人授权的代表随时对本保单承保的肉羊产量和/或被保险人的运作进行检查。被保险人应当及时向保险人提供保险人合理要求的、与本保单保险范围内的任何活动或情形相关的所有附加信息,并应遵守保险人制定的所有合理规定和指示并认真付诸实施。

第十八条 在保险期间内,如被保险人在保险合同载明的经营场所经营的业务发生变化、被进行清算或由清算人或财产管理人接管经营,被保险人应及时书面通知保险人。

第十九条 被保险人应当在收到干旱事件统计及损失计算报告后 10 个工作日内,向保险人报告实际损失,便于保险人安排防灾救损。

第二十条 被保险人应当在收到干旱事件统计及损失计算报告后 10 个工作日内,向保险人提供以被保险人为开户名的银行账号,以便保险人支付赔款。如果赔款为零,则不必提供银行账号。如果因为被保险人没有按照本合同规定及时、

第13章　内蒙古自治区锡林郭勒盟肉羊干旱指数保险产品研发指引

准确地向保险人提供银行账号，对此给被保险人造成的损失保险人不承担责任。

第二十一条　被保险人如果对保险人提供的干旱事件统计及损失计算报告有异议，应当在收到后10个工作日内，以书面报告的形式向保险人提出。如果被保险人对天气数据的准确性有异议，应当向保险人提供数据提供机构盖章证明的天气数据。

赔偿处理

第二十二条　本保险合同的赔偿中降水距平百分率以保险人与被保险人协商确定的首选气象观测站提供的数据为依据；当约定的气象站由于故障无法采集降水数据时，保险人退还保费，保险合同终止。

第二十三条　保险事故发生时，被保险人对保险肉羊不具有保险利益的，不得向保险人请求赔偿保险金。

第二十四条　保险肉羊发生保险责任范围内的损失，保险人先计算干旱指数（DI），再按照表13.6进行理赔。

$$DI = \frac{P - \overline{P}}{\overline{P}} \times 100$$

式中，DI为干旱指数（%）；P为投保区域4月1日到9月30日单位面积的累计降水量（mm）；$\overline{P}$为投保区域4月1日到9月30日单位面积的累计降水量的多年平均值（一般可取30年平均）。

表13.6　干旱指数（DI）赔付金额

DI（%）	赔付金额（元/只）
DI≥0	0
−40<DI<0	0−19.145%×900×DI/100
−60<DI≤−40	19.145%×900×[1−3×(DI+60)/100]
DI≤−60	19.145%×900

每只赔偿金额不得超过保单载明的每只保险金额。

根据本条计算的损失和赔款，可能高于被保险人的实际损失，也可能低于被保险人的实际损失。投保人和保险人一致同意，无论实际损失如何，本合同的赔款均根据本合同约定的干旱事件和赔款计算方式确定。

第二十五条　保险事故发生时，如果存在重复保险，保险人按照本合同的相应保险金额与其他保险合同及本合同相应保险金额总和的比例承担赔偿责任。其他保险人应承担的赔偿金额，本保险人不负责垫付。若被保险人未如实告知导致保险人多支付赔偿金的，保险人有权向被保险人追回多支付的部分。

争议处理、法律适用

第二十六条 合同争议解决方式由当事人从下列两种方式中选择一种：

（一）因履行本合同发生的争议，由当事人协商解决，协商不成的，提交保险单载明的仲裁委员会仲裁；

（二）因履行本合同发生的争议，由当事人协商解决，协商不成的，依法向人民法院起诉。

第二十七条　本保险合同的争议处理适用中华人民共和国法律（不适合港澳台地区相关规定）。

主要参考文献

黄敬峰, 王秀珍, 王人潮, 等. 2001. 天然草地牧草产量遥感综合监测预测模型研究. 遥感学报, (1): 69-74.

胡鲲, 赵春生, 龙晓斌, 等. 2014. 昌邑海参养殖的气象条件分析. 安徽农业科学, 42(11): 3346-3347.

刘布春, 梅旭荣. 2010. 农业保险理论与实践. 北京: 科学出版社.

娄伟平, 吴利红, 倪沪平, 等. 2009. 柑橘冻害保险气象理赔指数设计. 中国农业科学, 42(4): 1339-1347.

欧阳秋明. 2012. 章丘大葱种植的气候适应性分析. 现代农业科技, (18): 245-246, 258.

彭安德. 2015. 河口区海参池塘水环境周年变化规律研究. 大连海洋大学硕士学位论文.

庹国柱. 2014. 论中国及世界农业保险产品创新和服务创新趋势及其约束. 中国保险, (2): 14-21.

王春乙, 张亚杰, 张京红, 等. 2016. 海南省芒果寒害气象指数保险费率厘定及保险合同设计研究. 气象与环境科学, 39(1): 108-113.

王晓丽. 2019. 高温指数型海水养殖保险产品研究——以山东省莱州市海参养殖为例. 山东农业大学硕士学位论文.

魏华林, 吴韧强. 2010. 天气指数保险与农业保险可持续发展. 财贸经济, (3): 5-12, 136.

徐巧. 2016. 黄土高原丘陵区干旱山地苹果树需水规律研究. 西北农林科技大学硕士学位论文.

杨帆, 刘布春, 刘园, 等. 2015. 气候变化对东北玉米干旱指数保险纯费率厘定的影响. 中国农业气象, 36(3): 346-355.

杨太明, 刘布春, 孙喜波, 等. 2013. 安徽省冬小麦种植保险天气指数设计与应用. 中国农业气象, 34(2): 229-235.

于宁宁, 陈盛伟. 2011. 气象指数保险在发展中国家的实践与启示. 新疆农垦经济, (1): 10-15.

张静, 张朝, 陶福禄. 2017. 中国南方双季稻区天气指数保险的选择分析. 保险研究, (7): 13-21.

朱俊生. 2011. 中国天气指数保险试点的运行及其评估——以安徽省水稻干旱和高温热害指数保险为例. 保险研究, (3): 19-25.

邹质霞. 2019. 我国天气指数保险实践探析. 保险职业学院学报, 33(2): 51-55.

Barnett B J, Mahul O. 2007. Weather index insurance for agriculture and rural areas in lower-income countries. American Journal of Agricultural Economics, 89(5): 1241-1247.

Bucheli J, Dalhaus T, Finger R. 2021. The optimal drought index for designing weather index insurance. European Review of Agricultural Economics, 48(3): 573-597.

Conradt S, Finger R, Spörri M. 2015. Flexible weather index-based insurance design. Climate Risk Management, 10: 106-117.

Giné X, Menand L, Townsend R, et al. 2010. Microinsurance, A case Study of the Indian Rainfall Index Insurance Market. The World Bank Development Research Group, Finance and Private Sector Development Team, World Bank Press.

Hess U A, Stoppa B B, Nash J. 2005. Managing Agricultural Production Risk. The International Bank for Reconstruction and Development, World Bank, Washington, DC: 83-87.

Jensen N, Barrett C. 2017. Agricultural index insurance for development. Applied Economic Perspectives and Policy, 39(2): 199-219.

Leblois A, Quirion P. 2013. Agricultural insurances based on meteorological indices: realizations, methods and research challenges. Meteorological Applications, 20(1): 1-9.

Liu B C, Li M S, Guo Y, et al. 2010. Analysis of the demand for weather index agricultural insurance on household level in Anhui, China. Agriculture and Agricultural Science Procedia, (1): 179-186.

Makaudze E M. 2018. Malawi's Experience with Weather Index Insurance as Agricultural Risk Mitigation Strategy Against Extreme Drought Events. Extreme Weather: 125-141.

Martínez Salgueiro A. 2019. Weather index-based insurance as a meteorological risk management alternative in viticulture. Wine Economics and Policy, 8(2): 114-126.

Skees J R, Miranda M J. 1998. Rainfall Risk Contracts for Nicaragua. Report to the World Bank, Washington, DC.

附表：调研问卷案例

Demand Assessment Questionnaire
需求评估问卷
INFORMATION TO BE COLLECTED FROM HOUSEHOLD (HH) RESPONDENT
由参加调查的农户提供的信息

Surveyor: _____ Time: __:__ - __:__ Date: ___(y) / ___(m) / ___(d)
调查人: _____ 时间: __:__ - __:__ 日期: ___(年) / ___(月) / ___(日)

County: _____ Township: _____ Administrative village: _____ Natural village: _____
县: _____ 乡/镇: _____ 行政村: _____ 自然村: _____

Gender of respondent: Male: __(1) Female __(2)   HH code: _____
回答人性别: 男: ____(1) 女: ____(2)   农户编号: _____

1	How many adults and children normally live in your HH? 你家里一般常在家住的有几个大人，几个孩子？	*HH respondent consents to survey* 农户同意调查
	1.1	Adults 大人 _____
	1.2	Children 孩子 _____
2	How many adults and children normally live and work outside your HH? 你家里有几个大人和孩子不在家住或在外打工？（给出数量）	
	2.1	Adults 大人 _____
	2.2	Children 孩子 _____
3	Can the head of the HH communicate with others using Mandarin? 当家人会说普通话吗？	No Mandarin 不会说普通话（1） | Yes, with much difficulty 会说一点（2） | Yes - proficient 会说很多（3） | Yes - fluent 流利（4）
	4.1	How many years (since they were 15 years old) has the head of the HH been engaged in agricultural activities? 当家人从事农业生产有几年了[从15岁（含15岁）开始计算]？
	4.2	How many months of each year does the head of the HH spend in engaging in agricultural activities? 当家人一年有几个月从事农业生产？
5	How many years of formal education did the head of the HH complete (and what is their gender and age)? 当家人上过几年正式学校？（当家人的年龄，性别）	Male 男（1） ___ | Female 女（2） ___ | Years of education 受教育年数 ___ | Age 年龄 ___

续表

6		Of all the money that your HH receives or earns each year, what percentage comes from agricultural activities, HH members working in cities or factories, or other sources? (*if needed, enumerator to use 10 coins to help respondent understand how to break total HH income into percentages – at 10% intervals*) 每年，在您家里的所有收入中，农业收入、外出打工收入，以及其他收入各能占几成？（入户调查员用 10 枚硬币帮助农户理解如何将收入折算为"成"数——每10%的间隔）			
7		Agriculture 农业收入	Off-farm employment 外出打工收入	Other 其他	(note in margin) （在空白处标出来源）
	7.1	What is the area of land your HH uses for agriculture? (in mu) 你家有几亩耕地？（以亩为单位） Area （mu） 面积（亩）			
	7.2	What is the area your HH's agricultural land that is not irrigated? (in mu) 你家有几亩旱地？（以亩为单位） Area （mu） 面积（亩）			
8		What is your HH's main source of water for crops in the dry season (only one)? 在旱季，你家的主要农田水源是什么（只填一个）？ Dry season source of water 旱季水源			
9		What is your HH's main source of water for crops in the rainy season (only one)? 在雨季，你家的主要农田水源是什么（只填一个）？ Rainy season source of water 雨季水源			

1	Pipe* 自来水*	2	Pipe* –shared use 自来水（露天公用）*	3	Small dam 小水坝	4	Spring 泉水
5	Borehole (private) 地上凿洞（私用）	6	Borehole (public) 地上凿洞（公用）	7	Well (private) 井（私用）	8	Well (public) 井（公用）
9	Rainwater 雨水	10	Natural pond 天然水塘	11	River 河流	12	Stream 小溪
13	Protected Tank 有盖储水池	14	Unprotected Tank 无盖储水池	15	Irrigation canal 沟渠		Other 其他

*Piped water from reliable (i.e., regular, steady supply) water supply system
*水管是指可靠的（定时的，稳定的）供水系统

10		How reliable is your main water supply for agriculture? 主要水源能不能保证足量供水？			
	10.1	Dry season 旱季 Very reliable 很有保障（1）	Reliable 有保障（2）	Not reliable 得不到保障（3）	Sometimes dries up completely 有时完全枯竭（4）
	10.2	Rainy season 雨季 Very reliable 很有保障（1）	Reliable 有保障（2）	Not reliable 得不到保障（3）	Sometimes dries up completely 有时完全枯竭（4）
11		How much time (in minutes) does it take the children in your HH to get to school? 你们家孩子上学路上要花费多长时间（分钟）？ No school-age children 没有上学的孩子（-99）	Children usually sleep at school 学生寄宿（-98）	Time (minutes) 时间（分钟）	

12	What type of sanitation does your HH use? 你家用的是什么样的厕所?	No toilet 没有厕所/野外（1）	Open pit latrine 露天坑式厕所（2）	Enclosed pit latrine 封闭式厕所（3）	Pour flush 人工 冲水厕所（4）
		Biogas pit 与沼气池结合的厕所（5）	Flush toilet 自动冲水厕所（6）	Other 其他（7）	
13	Do you think your HH has satisfactory access to local healthcare? 对于当地的医疗服务，您是否满意?	Yes 是（1）		No 否（2）	
14	For serious health problems, do you think healthcare is affordable for your HH? 如果有了大病，看得起病吗?	Yes 是（1）	Affordable, but with difficulty 可以支付，但是有困难（2）		No 否（3）
15	Is your HH participating in the newly introduced Rural Health Cooperative Scheme? 你们加入新型农村合作医疗了吗?	Yes 是（1）		No 否（2）	
16	Do you treat your drinking water (boiling, allowing to settle, filter or chemical treatment)? 你喝的水，是否经过处理?（煮开，让其沉淀，过滤或化学处理）	Yes 是（1）		No 否（2）	
17	Over the last 5 years, has the population of insects in your area increased or decreased? 在最近的5年，你们地区的昆虫数量减少了还是增加了?	Increased 增加（1）	Decreased 减少（2）	Don't know 不知道（3）	
18	During the last 6 months has your HH consumed less meat than usual? 在前6个月中，家里人吃的肉比以前少吗?	No 否（1）	Sometimes 有时（2）	Yes, often 是的，经常（3）	Don't know 不知道（4）
19	Assume all your crops for one year are worth 10 Yuan. Of the 10 Yuan, how much do use for your HH's consumption and how much do you sell? *(enumerator to use 10 coins to help the farmer understand and answer in 10% point intervals)* 假如你一年所有的农产品值10块钱，有几块钱的东西你留着自己吃，有几块钱的东西卖了? （入户调查员用10枚硬币帮助农户理解"成"数——每10%的间隔）	% consumed 自己吃		% sold 卖钱	Don't know 不知道（1）
20	Of the food your HH consumes (in a normal year), what percentage comes from your own production, and what percentage do you purchase? 在正常的年份里，家里的食品消耗中，百分之几是自产的，百分之几要买?				
1）Grain 粮食		% HH production 自产	% purchased 购买	Don't know 不知道（1）	
2）Meat 肉		% HH production 自产	% purchased 购买	Don't know 不知道（1）	
3）Vegetables 蔬菜		% HH production 自产	% purchased 购买	Don't know 不知道（1）	
21	Is your HH's agricultural income based more on livestock or crops? 家里的农业收入主要靠养殖还是靠种植?	Livestock 养殖（1）	Crops 种植（2）	About half & half 大约各一半（3）	Don't know 不知道（4）

续表

22	What is the main type of flooring in the HH? 你家使用什么地板?					
	Earth/dung floor 土/粪地板（1）		Wood/palm/bamboo floor 木板/棕榈/竹子地板（2）		Finished flooring 水泥或瓷砖地板（3）	
23	How many of each of the following items do your HH use? 下列产品中，每样你家有几个?					
	Bicycle 自行车（1）		Electric bicycle 电动自行车（2）		Motorcycle or scooter 摩托车（3）	
	Tractor 拖拉机（4）		Car or large motor vehicle 汽车（5）		Radio 收音机（6）	
	Television 电视（7）		Electric fan 电风扇（8）		Washing Machine 洗衣机（9）	
	Electric rice cooker 电饭锅（10）		Refrigerator 冰箱（11）		Generator 发电机（12）	
	Telephone（Landline） 电话（13）		Mobile telephone 手机（14）		Small grain processing machine 小型碾米机（15）	
24	What are the main crops your HH produces, what area of land is used for each crop, what is the yield per year, and what was the most recent price you received for each crop? 你家种植的主要作物是什么？每种作物有多大面积？单产有多少？每种农产品的最新的价格是多少?					
1	Crop 作物		Area cultivated（mu） 耕种面积		Yield（jin） 亩产（斤）	Price received （Yuan/jin）价格（元/斤）
2	Crop 作物		Area cultivated（mu） 耕种面积		Yield（jin） 亩产（斤）	Price received （Yuan/jin）价格（元/斤）
3	Crop 作物		Area cultivated（mu） 耕种面积		Yield（jin） 亩产（斤）	Price received （Yuan/jin）价格（元/斤）
4	Crop 作物		Area cultivated（mu） 耕种面积		Yield（jin） 亩产（斤）	Price received （Yuan/jin）价格（元/斤）
5	Crop 作物		Area cultivated（mu） 耕种面积		Yield（jin） 亩产（斤）	Price received （Yuan/jin）价格（元/斤）
1	Rice 水稻	2	Corn 玉米	3	Wheat 小麦	4	Rapeseed 油菜籽
5	Soy 大豆	6	Peanuts 花生	7	Mulberry 桑树	8	Cassava 木薯
9	Tobacco 烟草	10	Cotton 棉花	11	Tea 茶	12	Sesame 芝麻
13	Potatoes 土豆	14	Tomatoes 西红柿	15	Green leafy vegetables 青菜	16	Carrots 胡萝卜
17	Strawberries 草莓	18	Blueberries 蓝莓	19	Other fruits 其他水果	20	Other（specify） 其他（请标出）

续表

| 25 | What factors do you worry about as far as all possible things (natural or socioeconomic) that could negatively affect your HH's agricultural production? (*check all mentioned with a " √ "*) 农业生产中，有哪些问题会给你的生产带来不利的影响？（*在列表中打钩*） |||||||

1	Drought 干旱	2	Flood 洪涝	3	Erratic rainfall 雨量分配不均	4	Hail 雹灾
5	Snow 雪灾	6	Typhoon 台风	7	High temperature stress 高温胁迫	8	Sub-zero temperatures 冰冻（低于0℃）
9	Low temperatures 低温（0℃左右）	10	Frost 霜冻	11	Strong wind 大风	12	Earthquake 地震
13	Fire 火灾	14	Soil problems 土壤问题	15	Crop pests 作物虫害	16	Insect attack 植物被昆虫取食
17	Lack of fertilizer 缺少化肥	18	Bad seeds 种子差	19	Irrigation system problems 灌溉系统有问题	20	Livestock disease 家畜疾病
21	Family sickness 家里有人生病	22	Labor shortage 缺乏劳动力	23	Theft 盗窃	24	Debt 负债
25	Poor market access 农产品销售不畅	26	Low market prices 市场价格太低	27	Other（specify） 其他（请标明）		

26	Which two risks (of those just mentioned) have most negatively impacted your HH's agricultural production over the last 10 years? 在以上的问题中，最近10年来，哪两个因素对你家的农业生产影响最大？
27	Which two risks (of those just mentioned) do you think will most negatively impact your HH's agricultural production in the next 10 years? 还是以上的问题，你估计一下，在将来的10年中，你认为，哪两个因素对你家的农业生产影响最大？

	28.1	In the last 10 years, which year was the worst as far as too little rain? 近10年来，哪一年的降雨最少？	
	28.2	In the last 10 years, which year was the worst as far as too much rain? 近10年来，哪一年的降雨最多？	
29	What is your HH's most important source of information about: 对于以下各种信息，您主要从哪个渠道获得：		
（1）	（2）	Weather 天气（1）	Crop production techniques* 作物生产技术*（2）
（3）	（4）	Crop sales price/s 作物销售价格（3）	Seed supply 种子供应（4）
（5）	（6）	Agricultural water management** 农业用水管理**（5）	Fertilizer supply information 化肥供应信息（6）
（7）	（8）	Sources of credit 可以提供贷款的机构（7）	Insurance options 购买保险（8）

续表

* "Crop production techniques" also refers to techniques for controlling pests and weeds * "作物生产技术包括虫害控制"也指虫害控制／杂草 ** "Agricultural water management" refers to any water management practice related to agriculture (e.g., irrigation, drainage) ** "农业用水"是指所有农业用水方面的实践，包括灌溉，排水等							
1	Government 政府	2	Wholesale produce purchaser 收购商	3	Farmers association 农民协会	4	Neighboring farmer 邻居
5	Relative 亲戚	6	Progressive/successful farmer 先进的或成功的农户	7	TV 电视	8	Radio 广播
9	Newspaper or magazine 报纸、杂志	10	Internet 网络	11	Farmer's market 农贸市场	12	Water resources institute 水利局
13	Insurance company 保险公司	14	Bank 银行	15	None 无	16	Not important to HH 对农户来说不重要
17	SMS – text message 短信	18	Farmer's experience 农民的经验	19	Seed supply company 种子公司	20	Fertilizer supply company 化肥公司
21	Technical institute 科技站	22	Agricultural-water vendor 抽水机站	23	Other（specify） 其他（请标明）		

30	Can your HH afford enough fertilizer for each growing season? 播种期间，你们能买得起充足的化肥吗？	Yes 是（1）　　No 否（2）　　HH does not think they need to buy fertilizer 农户觉得没有必要买化肥（3）
31	Can your HH afford enough seeds（local or improved）for each growing season? 播种期间，你们能买得起充足的种子吗？	Yes 是（1）　　No 否（2）
32	How often does your HH receive weather forecasts for your area? 你们多长时间能知道本地的天气预报？	Never 没有（1）　A few times per year 一年数次（2）　A few times a month 一个月几次（3）　A few times a week 一个星期几次（4）　Every day 每天（5）
33	Are the weather forecasts for your area accurate/reliable? 天气预报准确/可信吗？	No 否（1）　Sometimes 有时（2）　Usually 一般都可以（3）　Don't know 不知道（4）
34	How regular has the rainfall been in your village over the last 10 years? 最近10年中，你觉得你们村的降雨稳定吗？	Erratic 不稳定（1）　Moderately reliable 比较稳定（2）　Very regular/reliable 很稳定（3）　Don't know 不知道（4）
35	Approximately what average percentage of your crops (all crops) have you lost per year over the last 5 years due to problems with rain (e.g., unpredictable rainfall, insufficient rain, too much rain)? *(enumerator to use 10 coins as before for percentages – at 10% point intervals)* 最近5年中，平均来，有百分之几的作物损失是由于降雨问题引起的？（比如说降雨量不可预测，雨水不足，雨水过多等）	Percentage of crops lost 作物损失的百分比　　　　Don't know 不知道（-99）

续表

36	What are the three main ways your HH deals with significant crop or livestock losses? (what solutions or strategies does your HH employ?) 当你家的农作物或家畜遭受严重损失时，你们主要用哪三种办法来解决这些问题？						
	Primary strategy 第一种办法		Secondary strategy 第二种办法		Tertiary strategy 第三种办法		

1	HH members seek off-farm work 家里人外出打工	2	Have children help more than usual 孩子多干点活儿	3	Ask friends to help with farm labor 请朋友帮助干地里的活儿	4	Ask family to help with farm labor 请家里人帮忙干地里活儿
5	Use HH savings 动用家庭积蓄	6	Reduce alcohol consumption 少饮酒	7	Reduce meat consumption 少吃肉	8	Reduce fuel consumption 减少能源消费
9	Reduce healthcare spending 减少医疗费用	10	Sell livestock 出售家畜	11	Sell stored grain 出售储存的粮食	12	Sell durable goods 出售耐用消费品
13	Plant fewer crops next growing season 下一季少种点作物	14	Send children to work outside HH 让孩子外出做工	15	Borrow money from relatives 向亲戚借钱	16	Borrow money from friends 向朋友借钱
17	Postpone payment of debts 推迟还款	18	Borrow money from bank 从银行贷款	19	Borrow money from cooperative 从信用社借钱	20	Take children out of school 让孩子退学
21	Lease farmland 出租耕地	22	Begging 乞讨	23	None 无	24	Other（specify） 其他（请标明）

—Enumerator，please remind the respondent that their responses will be kept confidential—
入户调查员们，请提醒农户他们的信息是保密的

37	Is your HH able to borrow money from a bank or cooperative if you wished to? 如果你想借钱，你能从银行或信用社借到钱吗？				
	No 否（1）	Probably not 可能不行（2）	Probably/Yes 可能可以（3）	Don't want to borrow 不想借钱（4）	Don't know 不知道（5）

| 37.1 | (If respondent answered "No", "Probably not" or "Don't want to borrow" to question 37 above, ask:) What are the two main reasons why your HH may not，or does not want to，borrow money? （如果受访者在第37题中回答不能或者可能不行或者不想借钱，则问：） 您觉得你们家借不到钱或者不愿借钱的两个主要原因是什么？ |

1	No collateral 没有抵押物	2	Don't need to borrow money 不需要借钱	3	Don't understand how to borrow money 不知道如何借钱	4	Don't have access to a money-lending institution 无法借到钱
5	Do not want to be in debt 不想负债	6	Worry that will not be able to repay loan 担心无法还贷	7	Bank will refuse to loan money 银行不会贷款的	8	Bank has already refused to lend money 以前银行拒绝给我贷款
9	Prefer to borrow money from friends 更喜欢向朋友借钱	10	Prefer to borrow money from relatives 更喜欢向其他亲戚借钱	11	Prefer to borrow money from a money-lender 更喜欢向放款人借钱	12	Other（specify） 其他（请标明）

| 37.2 | (If respondent answered "Probably/Yes" to question 37 above, ask:) What are the two main reasons why your HH would borrow money, or has recently borrowed money? （如果受访者回答能或者可能行，则问：） 近来你们借钱或你们将要借钱的两个主要目的是什么？ |

续表

1	Agricultural production inputs 购买农资	2	Buy or support livestock 购买家畜或饲养家畜	3	Agricultural infrastructure investment 投资农业基础建设	4	Home improvement 建房
5	Education 教育	6	Health 医疗保健	7	Marriage, funeral or other ceremony 结婚,葬礼或者其他仪式花费	8	Food consumption 食品消费
9	Emergency situation 应急	10	Purchase of a vehicle 买车	11	Business investment 商业投资	12	Other（specify）其他（请标明）

38	Is your HH currently in debt? 你家现在有债务吗?				
	Yes, a little 是的，一点点（1）		Yes, a lot 是，很多（2）		No 没有（3）

	38.1	(if respondent answered "Yes, a little" or "Yes, a lot" to question 38 ask:) To whom is the majority of this debt owed? （如果受访者在38题里回答"是的，一点点"或者"是的，很多"，则问：）你们最主要从哪儿借的钱？

1	Government Bank 银行	2	Rural Credit Cooperative 农信社	3	Relatives 亲戚	4	Friends 朋友
5	Private money lender 高利贷者	6	Village fund 农村互助基金	7	Village government 村委会	8	Microfinance institute 小额贷款机构

	38.2	What is the average interest rate your HH pays on this debt? (enumerator to help HH respondent understand if necessary) 借钱的利息是多少？（入户调查员帮助农户理解这道问题，如果需要的话）	____%

39	What kind of insurance does your HH have? (mark "√" by all that apply) 你们家现在参加以下保险了吗？（在下列表格中打钩）						
1	Government crop insurance 政府农作物保险	2	Other crop insurance 其他农作物保险	3	Weather or rainfall insurance 天气或降雨保险	4	Life insurance 人寿险
5	Health insurance 医疗保险	6	Property insurance 财产保险	7	Vehicle insurance 车险	8	Seed/fertilizer insurance 种子/化肥保险
9	Livestock insurance 家畜保险	10	None 无	11	Other （specify）其他 （请标明）		

40	Are you, or the head of HH, generally familiar with what insurance is and how it works? 您或者当家人知道保险是怎么一回事吗？（知道怎么运作）		
	No 不知道（1）	Yes, know a little 是的，知道一点儿（2）	Yes, understand well 很清楚（3）

41	Between floods and droughts, which poses a greater risk to your HH's agricultural production? 洪涝和旱灾哪一种灾害对你们家的农业生产造成的威胁较大？				
	Floods 洪涝（1）	Droughts 旱灾（2）	Both pose an equal risk 两种风险都一样重（3）	Neither pose a risk 两种风险都不存在（4）	Don't know 不知道（5）

42	Has your HH participated in any type of agricultural/crop insurance scheme? 你们家参加农业保险/作物保险了吗？			
	No 否（1）	Yes, in the past 以前是（2）	Yes, now 现在是（3）	Don't know 不知道（4）

续表

43		(*if respondent answered* "Yes in the past" *or* "Yes, now" *to question 42 ask:*) （如果受访者在42题中回答"过去是"或者"现在是"，则问：）
	43.1	Which agricultural insurance scheme did your HH, or does your HH, participate in? 你们以前或者现在参加了哪个公司的农业保险？ People's Insurance Company of China （PICC）中国人保（1）　　Guo Yuan 国元农业保险公司（2）　　Other（specify）其他（3）
	43.2	Do you/did you feel that the agricultural insurance scheme directly benefited your HH? 你们从现在的农业保险中得到好处了吗？ No, or little, benefit 几乎没有（1）　　Some benefit 一些益处（2）　　Very beneficial 很受益（3）　　Don't know 不知道（4）
	43.3	Which would be/have been better for your HH: a group-based participation scheme or a HH-based participation scheme? 你觉得哪一种农业保险方式对你们家比较好：是集体参保的方式，还是一家一户的参保方式？ Group 集体参保（1）　　HH 一家一户参保（2）　　Don't know 不知道（3）
44		Would your HH be interested in purchasing agricultural insurance if it were available? (now or in the future) 如果（现在或者将来）能参加农业保险的话，你们有兴趣吗？ No 没有（1）　　Yes 有（2）　　Don't know 不知道（3）
	44.1	Why? [open-response format] 为什么？

—**Enumerator please record the time at which you completed the questionnaire**—
—入户调查员请记录完成问卷的时间—